인생을 단순하게 사는 100가지 방법

인생을 단순하게 사는 100가지 방법

일레인 제임스 지음
김성순 옮김

21세기북스

꼭 필요한 것만 채워 인생의 방주를 가볍게 하라. 따뜻한 가정과 소소한 행복, 당신이 사랑하는 사람과 당신을 사랑하는 사람, 진정한 친구 두어 명과 고양이나 강아지 한 마리, 담배 파이프 같은 좋아하는 것 한두 개, 적당한 음식과 옷가지, 그리고 생명이 위태롭지 않을 만큼의 넉넉한 물이면 충분하지 않은가!

— 제롬 클랩카 제롬 Jerome Klapka Jerome

몇 년 전, 책상 앞에 앉아 있던 나는 무심코 하루 스케줄을 들여다봤다. 시간별로 스케줄을 정리할 수 있는 네브래스카 주 만한 크기의 플래너였다. 그 플래너에는 '오늘의 할 일'부터 시작해서 전화번호, 시간별 할 일, 회의 시간표, 목표량, 능률 향상 차트, 5~10년 후의 삶의 목표까지 촘촘하게 정리되어 있었다. 갑자기 나는 숨통이 막혔다. 더 이상 이렇게 살 수는 없다는 생각이 들었다.

나는 바로 여행사로 전화를 걸어 긴 주말여행을 예약했다. 그러고는 항상 가지고 다니던 플래너를 던져두고 작은 수첩 하나만 챙겨 짐을 꾸렸다. 생각을 정리할 시간이 필요했다. 우리 세대의 다른 사람들처럼 남편과 나도 1980년대의 '크면 클수록, 많으면 많을수록 좋다'라는 사고방식에 젖어 살았다. 우리는 큰 집에 비싼 차, 각종 편리한 도구를 비롯해 바쁜 맞벌이 부부에게 필요한 모든 잡동사니들을 다 갖추고 있었다. 하지만 시간이 지날수록 이런 물건들이 우리의 삶에 기여하기보다는 오히려 삶을 더 복잡하게 만들고 있다는 사실을 깨달았다. 늘 평범한 삶은 가치가 없다고 생각해왔지만, 회의를 하면서 식사를 하는 '파워 런치Power Lunch'로 얻는 것은 결국 소화불량뿐이었다.

며칠 동안 나는 세상과 단절된 휴양지에서 평화로운 침묵에 빠져 지냈다. 그러는 동안 복잡한 일상을 정리하고 삶의 질을 향상시킬 수 있는 방법을 고민했다.

그렇게 충분히 생각할 시간을 가진 후 집으로 돌아온 나는 남편과 마주 앉았다. 우리는 삶을 간소화하기 위한 목록을 앞에 두고 의견을 교환했다. 고맙게도 남편은 내가 바꾸고자 하는 크고 작은 변화에 동의했다.

처음 우리가 한 일은 잘 사용하지 않는 잡동사니들을 말끔히 치우는 것이었다. 그러고는 좀더 적극적인 방법으로 이사를 선택했다. 드디어 우리는 살고 싶은 곳에 살면서 정말로 하고 싶은 일을 하게 되었다. 그 과정에서 집의 평수도 줄였다. 수년에 걸쳐 식습관을 단순화했고, 여기저기 분산되었던 투자도 통합했으며, 거추장스럽던 보트도 팔았다. 소비 습관에 대해서 다시 생각했으며, 그동안 사용하던 물건과 서비스를 과감하게 줄였다. 이 책에 소개하는 내용들을 단계별로 실행한 것이다.

단순화 프로그램을 시작할 때 우리의 마음속에는 세 가지 목표가 있었다.

첫째, 집이나 자동차, 옷, 식습관, 재정 등 일상의 모든 것을 최소화해서 남의 도움을 받지 않고 스스로 관리할 수 있게 하자는 것이다.

둘째, 우리가 진정으로 원하는 일을 할 때 방해되는 약속이나 사람, 의무에서 해방되기를 원했다. 우리는 일단 '해야 한다'는 의무감에 이끌려 어쩔 수 없이 해왔던 일들을 그만두었다. 그러자 나 자신을 위한 시간이 많아졌을 뿐 아니라 원하지 않는 일을 함으로써 생기는 스트레스도 급격하게 감소했다.

셋째, 우리는 환경과 조화를 이루는 삶을 살기로 했다. 우리에게 단순화는 자연과 더불어 살자고 주장한 1960년대의 운동과는 다르다. 이 책에서 제안하는 내용의 절반이 지출을 줄이자는 것이긴 하지만 그렇다고 궁색하게 살자는 의미는 아니다. 우리가 말하는 삶의 단순화란 삶의 규모를 줄이고, 편안함을 유지하며, 복잡함을 없애고, 여유로움을 갖자는 것이다.

처음 단순화를 시작했을 때, 나는 다른 사람들이 이미 경험했던 실질적인 예가 있는지 알아봤다. 가이드라인을 찾은 것이다. 도서관이나 서점을 들락거리며 관련 서적이 있는지 살폈다. 단순한 삶을 찬양하는 내용은 많았지만 어떻게 하면 단순하게 살 수 있는지 명확하게 짚어주는 실용적인 내용의 책은 없었다. 하는 수 없이 우리는 우리에게 맞는 방법을 찾아 시도해보는 수밖에 없었다.

삶을 단순화하는 과정에서 큰일들을 단순화시키면 세부적인 일들이 눈에 띄었고, 그럴 때마다 단순화 목록을 늘려나갔다. 앞만 보며 질주하는 소비 중심의 시대 속에서 우리 부부처럼 이성적이고 합리적으로 살기 위해 노력하며 삶을 단순화할 수 있는 실용적인 방안을 찾는 사람들이 꽤 있을 거라고 생각했다. 그래서 우리가 체험한 것들을 책으로 쓰기로 결심했다. 우리가 실행한 단순화 과정과 우리와 비슷한 사람들의 경험담에서 얻은 교훈을 바탕으로 이 책을 완성했다.

여러분도 예전의 우리처럼 복잡하게 살고 있지는 않은가? 그렇다면 우리가 제안하는 100가지 방법을 실천해보기 바란다. 자신의 상황에 맞는 한두 가지만 먼저 실행해보는 것도 좋다. 관계를 정리한다든지, 기대를 낮춘다든지, 자신에게 와 닿는 부분만 실천해도 단순화된 삶의 한 부분으로 훨씬 더 여유로운 삶을 느낄 수 있을 것이다. 하지만 어떤 경우든 단순화를 위한 계획은 또 다른 복잡함을 야기할 수도 있다는 것을 명심해야 한다. 휴일을 단순하게 보내면 홀가분한 자유가 보장되겠지만, 생각과 달리 다른 휴일에 해야 할 또 다른 일을 선택하게 만들 수도 있다. 결정은 내가 하는 것이다.

역사적으로 시대를 풍미했던 현명한 지식인들은 행복의 비밀을 '더 갖는 게 아니라 덜 갖는 것'이라고 주장했다. 우리는 변화의 황금기에 있다. 우리를 행복하게 만들지 못하는 것은 손에서 놓아버리고, 단순하지만 우아한 라이프스타일의 시대로 들어선 것이다. 헨리 데이비드 소로의 표현대로 시대의 흐름을 이용해 삶을 단순화하고 복잡함을 버려라. 그리고 무소유의 자유를 즐기자.

차 례

1부

·

·

꼭
필요한 것만
담아라

·

·

잡동사니 정리법 1
사용하지 않는 물건은 무조건 처분하라

삶을 단순하게 만들기 위한 첫걸음은 집과 자동차, 사무실 그리고 당신의 삶을 어지럽히는 온갖 종류의 잡동사니들을 말끔하게 정리하는 것이다. 소박한 삶을 위해 집을 줄이고자 한다면 먼저 사용하지 않는 것은 과감하게 처분해야 한다. 몇 번이나 시도해봤지만 번번이 실패한 경험이 있는가? 가이드라인은 의외로 단순하다.

일 년 동안 사용하지 않은 물건은 무조건 처분하라!

처분하는 방법은 여러 가지다. 친구에게 주거나 비영리단체에 기증할 수도 있고, 위탁 판매소에 맡기거나 벼룩시장에 내다 팔아도 된다. 손재주가 있다면 재활용도 하나의 방법이다. 모두 귀찮다면 그냥 헌옷 수거함에 넣어라.

옷장부터 시작해서 다른 곳으로 범위를 넓혀가라. 모든 방과 부엌에 있는 옷장과 서랍장, 선반을 모두 살펴라. 잘 사용하지 않는 주방 가전제품들을 꼭 세트로 가지고 있을 필요가 있을까? 현관의 신발장, 공구 상자, 약상자도 잊지 마라. '아스피린만 빼고 모든 약을 버려라'(60페이지)를 참고하면 무엇을 버릴지 고민하는 시간이 대폭 줄어들 것이다.

베란다, 창고, 다락방, 지하실, 차고, 사무실, 차 안까지 공간이란 공간은 빼놓지 말고 정리하라.

남편과 나는 처음에 그저 더 이상 사용하지 않는 물건들만 시험 삼아 정리하기 시작했는데, 그 엄청난 양에 놀라지 않을 수 없었다. 집안의 잡동사니를 싹 치우고 나서 느끼는 그 해방감이란, 느껴보지 않은 사람은 모를 것이다.

잡동사니가 사라져 집안의 여유 공간이 늘어나자 우리는 그동안 필요 이상으로 큰 집에 살고 있었다는 사실을 깨달았다. 그래서 평수를 줄여 이사를 하기로 결심했다. 이사 과정에서 우리는 줄어든 집의 크기에 맞게 두 번째 버리기 작업을 감행했고, 더더욱 홀가분해질 수 있었다.

지난 몇 년 동안 우리만의 단순화 프로그램을 실행하면서 우리는 이제 버리는 데 익숙해졌다. 더 이상 사용하지 않을 물건들을 선별해내는 능력이 생긴 것이다. 처음 옷장을 정리할 때는 모든 것을 버릴 마음의 준비가 아직 안 된 상태일지도 모른다. 그러나 장담하건대 말끔하게 정리된 옷장을 보면서 느끼는 상쾌함과 무소유의 자유로움을 경험하기 시작하면 버리는 일이 점점 수월해질 것이다.

주말 오후를 이용해 시작하라. 이 모든 과정을 꼭 아이들과 함께 하길 바란다. 자연스럽게 정리하는 습관을 몸에 익힐 수 있는 산교육이 될 것이다.

시간을 내서 지금 시작하라. 기억할 것은 원하는 물건을 버리는 게 아니라 원하지 않는 물건에서 자유로워지는 것이다.

잡동사니 정리법 2
기억하지 못하는 물건은 당장 버려라

친구 데이브는 더 이상 필요한 것 같진 않지만 그렇다고 당장 버리기는 망설여지는 물건들을 정리할 때 이런 방법을 쓴다.

물건을 상자에 담은 뒤 겉에 2~3년 후의 날짜를 써 붙인 후 다락이나 창고에 보관한다. 이때, 안의 내용물을 일일이 적지 않도록 한다. 그리고는 일 년에 한 번씩 상자 겉에 써 붙인 날짜를 확인한다. 기한이 지난 상자가 보이면 열어보지도 않고 내다버린다. 그 안에 뭐가 들었는지 모른다면 절대 앞으로도 다시 찾을 일이 없는 물건임이 분명하기 때문에 절대 아쉬울 리 없다.

물론 애초에 잡동사니를 쌓아두지 않는다면 잡동사니 무덤에 빠지지도 않을 것이다. 나중으로 미루지 말고 지금부터 물건을 던져놓는 버릇을 고치면 잡동사니에서 자유로워질 수 있다. 옷장 구석이나 베란다 한쪽으로 물건을 던져놓기 전에 스스로 질문하라.

'나중에 정말 쓸 일이 있을까? 잡동사니만 더 늘어나는 건 아닐까?'

어차피 쌓아뒀다가 한꺼번에 버릴 거라면 지금 당장 버려라.

정리 상자를 만들어라

한 친구의 집은 엄청난 대가족인데, 모든 가족들이 생일과 기념일은 물론 크리스마스나 각종 명절에 서로 선물을 주고받는다. 덕분에 친구는 일 년 중 단 한 달도 어떤 선물을 고를지 고민하지 않고 지나가는 적이 없다. 그런데 고민 끝에 상대에게 어울리는 선물을 한다고 해도 뭔가 개운하지 않다. 누구도 겉으로 드러내지는 않지만 받는 쪽도 필요 없는 선물은 부담일 뿐이다.

살면서 항상 발생하는 애매한 선물 교환의 문제를 단순화하기 위해서 나는 J.R.R. 톨킨의 판타지 소설에 나오는 난쟁이 호빗의 생각이 진리라는 결론을 내렸다. 해결책은 '마톰Mathoms'이다. 마톰은 호빗어로 딱히 쓸모는 없는데 버리기는 아까운 물건을 말한다. 호빗은 친구의 생일이 되면 선물 대신에 이 마톰을 준다.

단순화 프로그램의 잡동사니 정리 과정을 시삭했을 때, 나는 린넨 수납장을 나만의 마톰 보관함으로 정했다. 린넨 서랍장에 화병이나 쟁반, 디켄터, 장식용 그릇과 예쁜 상자, 토스터기, 미니 주방기구, 게임기 등 사용하지 않고 그저 바라보기만 하는 것들을 골라 보관해두었다.

또한 나는 이제부터는 선물을 사지 않고 나의 마톰을 주겠노라고 친구들과 가족에게 미리 선언했다. 당신이 한때 정말 아끼던 물건을 가까운 사람에게 준다면 최소한 당신의 추억이 담긴 물건을 공유한다는 사실에 그들도 기뻐하며 소중히 여길 것이다.

이제는 특별한 날이 다가와 어떤 선물을 해야 할 때면 나는 적당한 마톰을 찾기 위해 린넨 수납장으로 간다. 물론 나는 마톰을 건네면서 친구들에게 만일 필요하다면 이 '보물'을 다른 사람에게 줘도 되고 아니면 팔아도 된다고 말한다.

선물을 잘 고르는 요령이 있다면 주변 사람들과 그 기쁨을 나누어라. 하지만 특별한 날이 다가올 때마다 선물 걱정으로 머리를 쥐어뜯는다면 마톰 상자를 만들어라. 쇼핑하는 데 시간을 낭비하며 상대에게 필요하지도 않은 선물을 생각해내느라 고민하느니 마톰 상자로 가서 당신의 보물을 골라라.

아이들에게도 어릴 적부터 더 이상 사용하지 않는 장난감과 게임기는 마톰 상자에 넣어두라고 교육시켜라. 자신들에게는 필요 없는 물건이 다른 아이들에게는 새롭고 즐거움을 주는 선물이 될 수 있다는 사실은 좋은 교육이 될 것이다. 마톰은 자연스럽게 아이들에게 장난감 재활용과 잡동사니 정리 비법을 가르치는 좋은 방법이기도 하다.

0 0 4

내 집 마련에 얽매이지 마라

지난 50년 동안 우리는 자기 집이 꼭 있어야 한다는 믿음에 사로잡혀 있었다. 전미부동산협회가 조사한 최근의 한 설문 조사에 따르면 응답자의 87%가 집을 사는 게 '아메리칸 드림'을 이루는 가장 중요한 요소라고 대답했다. 집을 소유하는 게 행복한 결혼 생활과 만족스러운 직업, 높은 월급, 많은 돈을 버는 것보다 더 가치 있는 일이라고 생각한다는 뜻이다.

오늘날 집을 장만하는 데 드는 엄청난 비용을 고려하면 이런 철학은 바뀌어야 할 때가 아닌가 싶다.

우리처럼 최근에 삶을 크게 변화시킨 친구 부부가 있다. 그들은 집을 팔고 차와 대부분의 물건을 처분하고 하던 일을 그만두더니 2년 동안 세계 여행을 다녀왔다. 그들은 집을 판 돈을 대폭적으로 간소해진 라이프스타일을 유지하기 위한 원동력으로 삼았다.

여행을 마치고 돌아온 그들은 작은 집을 살까 고민했다. 하지만 집을 사는 대신 임대를 하기로 결정했다. 같은 평수의 집을 사는 것보다 훨씬 저렴한 비용으로 편안한 아파트를 임대함으로써 무소유의 자유로움을 만끽할 수 있었다. 그들은 언제고 다시 떠나고 싶을 때 경기가 좋지 않거나 집이 늦게 팔리는 등의 이유로 발이 묶이는 것을 원하지 않았다.

그러나 무엇보다도 그들이 집을 사지 않은 가장 큰 이유는 놀랍게도 심리적, 정신적 자유를 누리고 싶어서였다. 그동안 사람들은 집을 사면 생활의 안정을 얻을 거라고 생각해왔지만 사실상 집을 소유하는 것이 안락함보다는 부담으로 작용했던 것이다. 집에 너무 과한 시간과 에너지, 돈을 투자하고 있다면 임대를 고려하라. 삶이 훨씬 간편해질 것이다.

자동차를 없애라

샌프란시스코에 사는 친구 부부는 몇 년 전 손이 많이 간다는 이유로 차를 팔아버렸다. 다른 주요 도시와 마찬가지로 샌프란시스코는 주차장이 항상 복잡하고 주차료도 만만치 않다. 그리고 사실 그들에게는 차가 꼭 필요한 게 아니었다. 둘 다 걸어가면 될 만한 거리에 있는 회사에 다녔으며, 신선한 공기를 마시며 걷는 것 또한 좋아했다. 더 이상 대도시의 교통 문제에 얽히지 않아도 되었기에 그들은 너무나 만족해했다. 바쁜 일이 있거나 날이 궂으면 버스를 타면 된다.

요즘 그들은 조깅을 하는 대신에 집에서 조금 떨어진 거리에 있는 쇼핑몰까지 걸어간다. 차가 없으면 유류비, 주차비, 보험료, 세금, 등록세, 유지비를 절약할 수 있다. 주말이나 꼭 차가 필요한 때는 그 돈으로 렌트를 하면 충분하다. 자가용에 대한 심리적 의존도를 버림으로써 그들은 차가 있을 경우 발생하는 모든 문제점에서 벗어나 커다란 해방감을 만끽하게 되었다. 이제 그들은 자가용의 '편리함'에 구애받지 않기 때문에 주말마다 쓸데없이 돌아다니며 길바닥에 시간을 허비하는 대신 정말로 하고 싶은 일에 집중하며 시간을 보낸다.

만일 교외에 살면서 직장이 도심에 있거나 대중교통이 불편한 지역에 산다면 자동차를 포기하기 힘들 것이다. 하지만 라이프스타일을 재정비함으로써 단순한 삶을 시작했고, 차가 더 이상 필요 없는 경지에 이르렀다면 이제 간소한 삶의 핵심에 도달한 것이다.

전화기가 꼭 필요한지 고려하라

10대 시절, 나는 전화기를 붙들고 살았다. 전화벨 소리가 울리면 누군가 좋은 소식을 전해줄 것만 같았다. 하지만 어른이 된 지금, 전화기란 그저 없으면 불편한 정도의 물건일 뿐이다.

물론 지금은 전화기가 울린다고 무조건 받는 것도 아니고, 자동응답기로 전화를 건 사람을 선별해서 받기도 하지만, 그래도 집에 최소한 전화기 한 대는 있어야 한다고 생각한다. 하지만 전화기가 삶을 방해하는 주범이라고 여기는 친구가 있다. 그 친구는 몇 년 전 완전히 전화를 없애버리고는 다시는 집에 전화기를 놓지 않겠다고 선언했다.

그녀의 직업은 영업사원으로 하루의 대부분을 고객과 통화를 하며 보내기 때문에 퇴근 후나 주말만이라도 제발 전화 통화를 하지 않고 싶어 했다. 오후에는 업무상 필요한 전화든 사적인 전화든 받을 준비가 되어 있다. 그녀의 가족이나 친구들은 그녀와 통화를 하려면 오후에 사무실로 전화를 한다. 개인 사업을 하거나 상사가 인내심이 많아야 가능하겠지만 말이다.

물론 모든 사람들이 전화기를 없앨 수는 없다. 어린아이를 키우거나 노부모를 모시고 사는 사람들은 항상 연락이 닿아야 하므로, 전화를 없앤다는 게 문제를 해결하기보다는 더 큰 문제를 일으킬 수도 있다. 그러나 만일 당신의 라이프스타일이 집에 전화기가 없어도 불편하지 않거나, 집을 평화롭고 고요한 안식처로 유지하고 싶다면 전화기를 치우는 방법을 고려해보라. 단순화를 향한 지름길을 찾을 수 있을 것이다.

옷장을 가볍게 하라

아직도 인생을 단순화하는 일이 어렵다고 생각하는가? 그렇다면 여기 당신을 위한 조언이 있다.

월스트리트의 부유한 금융가 중 심플한 옷차림으로 유명한 사람이 있다. 그의 옷장에는 검정색의 고급스러운 수제 양복인 쓰리피스 정장 여섯 벌과, 두 장의 흰색 와이셔츠, 실크 넥타이, 두 켤레의 검정색 구두가 정리되어 있다. 그게 전부다. 그는 일 년 내내 항상 같은 옷을 입는다. 매일 아침 무엇을 입을지 고민하지 않아도 되기 때문이라고 한다.

한번 진지하게 고민해보라. 당신의 상황에 맞게 수정해서 활용한다면 그것만으로도 삶이 단순해질 것이다.

간소하게 꾸며라

옷장 정리는 여성을 위한 팁이다. 남성의 옷장은 이미 단순할 대로 단순하기 때문이다.

나는 쉽게 손에 잡히지 않는 패션 감각을 익히려고 수년간 노력한 끝에 한 가지 사실을 깨달았다. 만일 남자와 여자가 드레시한 차림부터 캐주얼까지 모든 스타일을 똑같이 입는다면 예외 없이 남자가 여자보다 더 잘 어울리며 훨씬 나아 보일 것이라고 말이다. 아래의 두 가지 이유 때문이다.

첫째, 남자는 패션을 쉽게 생각한다. 그리고 항상 자신들이 옳다고 믿는다.

둘째, 여성은 패션이 어렵다고 생각한다. 그리고 거의 항상 뭔가 부족하다고 느낀다.

현실적으로 살펴보면 남자의 패션은 네 가지로 한정된다. 셔츠와 넥타이를 맨 양복 차림이나 셔츠 혹은 재킷을 걸쳐 입는 느슨한 슬랙스,

그리고 폴로 티셔츠와 함께 입는 캐주얼 바지나 청바지, 정장 등이 전부다.

반면 여성의 패션은 제한이 없다. 정장용 재킷의 예만 하더라도 짧은 것과 중간 길이, 아주 긴 종류가 있으며 폭도 넉넉하거나 타이트하거나 주름이 달려 있다. 어깨가 넓게 나온 것도 있고, 좁거나 처진 것도 있으며, 일명 파워 숄더라는 스타일의 높이 솟은 어깨 모양도 있다. 단추 또한 싱글인지 더블인지로 나뉘며, 벨트를 착용할 수 있는 것과 오픈해서 입는 것의 모양도 다르다. 깃이 있거나 없을 수도 있으며, 둥근 목선과 사각형 목선, 깊게 파인 목선과 옆으로 넓게 파인 목선 등으로 나뉜다. 옷감도 100% 혼방인지, 색상의 조합은 어떤지에 따라 헤아릴 수 없을 만큼 다양하다.

정장뿐 아니라 세미캐주얼이나 캐주얼도 스타일이나 패브릭, 색상에 따라 그 종류가 무한하다. 그렇기 때문에 여성들은 남성들보다 옷이 세 배 이상 많을 수밖에 없다. 패션에 대한 정의는 수십 가지이고 대부분의 여성들이 그에 따른 다양한 옷들을 구비하고 있지만, 애석하게도 그 중 서로 어울리는 아이템은 거의 없다.

옷장을 단순화하기 위한 나의 제안은 남자들의 옷차림에서 교훈을 얻으라는 것이다.

첫째, 당신을 돋보이게 하는 심플하고 클래식한 스타일을 찾아라. 그리고는 자신만의 트레이드마크로 만들어 그 스타일을 고수하라.

둘째, 유니폼처럼 입을 수 있는 외출복 콤비네이션을 만들어라. 동일하거나 비슷한 스타일의 스커트나 바지를 색상 별로 두세 벌 마련하고 그에 어울리는 셔츠와 블라우스, 탑을 골라라. 핵심은 모든 옷들이 어느 옷과도 서로 잘 어울리게 하는 것이다.

셋째, 남성들은 대부분 액세서리나 핸드백을 들지 않고 신발 굽도 일정하다는 사실을 명심하라.

남성처럼 옷을 입으라는 말이 아니다. 남성들의 패션 원칙을 응용하면 여성스러우면서도 간소하고 기능적인 옷차림을 유지할 수 있다.

자연 소재의 옷을 선택하라

드라이클리닝이 필요한 옷은 애초에 구입하지 않는 게 좋다. 물론 드라이클리닝이 필요한 옷을 입어야 하는 직장도 있다.

은행에 근무한다면 정장을 갖춰 입어야 할 텐데, 정장을 세탁기에 돌릴 수는 없지 않은가. 하지만 다행스럽게도 요즘 대부분의 직장에서는 예전처럼 '옷차림의 전략'을 강요하지 않는다. 혁명이 일어나지 않는 한 이제 세상은 편안함과 편리성을 중시하는 의복을 요구한다. 다림질이 필요 없고 세탁기에 돌려도 모양이 흐트러지지 않는 면이나 자연 소재로 만든 옷을 고르는 게 좋다.

한 친구는 직접 빨래를 하느라 시간을 허비하느니 차라리 세탁물을 세탁소에 맡기는 편이 훨씬 덜 복잡하지 않느냐고 주장한다. 어떤 의미에서는 맞는 말이다. 이는 어디까지나 자신이 선택한 라이프스타일의 문제이며, 단순한 삶의 정도에 따른 문제이기도 하다.

그동안 우리 가족은 주말마다 세탁소에 들러 일주일치 드라이클리닝할 옷을 맡긴 뒤 그전에 맡겼던 옷을 찾아오는 게 마치 정기 행사처럼 되었고, 그것을 당연하게 여겼다. 하지만 옷장을 단순화하자 세탁소를 가지 않아도 되었다. 세탁기와 건조기로도 집에서 세탁이 가능하고, 세탁소에 들르는 번거로움 없이 빨랫줄에 널어놓은 옷을 걷으면 바로 입을 수 있다는 사실에 무척이나 만족한다. 게다가 친환경에 반하는 해로운 드라이클리닝 석유 세제의 사용을 줄이는 데도 미비하게나마 일조하고 있다는 사실에 뿌듯함마저 느낀다.

인생을 단순하게 사는 100가지 방법

외출 준비는 10분 안에 끝내라

나는 외출할 때마다 남편이 항상 30분도 채 안 되는 시간에 옷을 꿰입고 완벽하게 준비를 마치는 걸 보면서 놀라웠다. 그 30분은 내가 겨우 외출 준비를 시작하는 시간이다. 삶을 단순화하기로 했을 때, 나는 10분 안에 외출 준비를 완벽하게 끝내리라고 혼자 다짐했다. 이제는 10분이면 충분해서 꾸미는 데 시간을 조금 더 들일 정도다.

헤어스타일부터 시작했다. 대부분의 여성들이 외출 준비에 시간을 가장 많이 쏟는 부분이 바로 머리다. 샴푸만으로는 부족해서 린스로 헹구고 컨디셔너로 마무리를 한다. 드라이어로 머리를 말리면서 무스와 젤을 사용해 머리를 펴거나 부풀리고, 아니면 스트레이트로 늘어뜨리거나 웨이브를 넣는다. 모든 준비를 마치고 마지막으로 현관에서 스프레이까지 뿌려야 비로소 외출 준비가 끝나는 거라고 생각한다.

반면 남성들은 머리를 감고 빗질 한번이면 바로 외출 준비 끝이다. 여성들은 왜 그렇게 못할까? 몇 년 전에 한 헤어디자이너가 충고하기를, 누구나 자신의 머리결과 얼굴형에 어울리면서 손쉽게 집에서 매만질 수 있는 저렴한 비용의 헤어스타일이 있다고 했다. 몇 번의 시행착오를 거쳐 나는 나에게 어울리는 그런 헤어스타일을 찾아냈다. 덕분에 예전에는 머리를 만지는 데 20~30분씩 걸렸던 것이 이제는 머리를 감고 말리고 스타일링까지 5~6분이면 충분하다.

헤어스타일 다음으로는 피부 관리 습관을 바꿨다. 그동안 나는 화장품 중독이라고 할 만큼 새로운 제품이 나왔다고 하면 모두 사들여 직접 발라봐야 직성이 풀렸다. 아침과 저녁 전용 클렌징 따로, 스크러브, 소프트너, 모이스춰라이저, 아이크림, 모공 수축 에센스, 영양 에센스, 주름 개선 크림까지 여덟 가지 단계를 꼬박꼬박 지켜서 관리해왔다. 그러던 어느 날 나는 우연한 계기로 내 피부와도 같은 스킨케어 제품들을 하나도 준비하지 못한 채로 작은 시골 마을에 발이 묶인 적이 있었다. 가진 거라고는 화장솜과 물, 수분크림 하나뿐이었다. 악몽 같은 3주일을 버티고 난 후 집으로 돌아와 거울을 보니 웬걸, 오히려 피부가 건강해져 있었다.

지금 피부 관리용으로 사용하는 화장품은 화장솜, 클렌징용 워터, 가볍게 발리는 모이스춰라이저 몇 방울이 전부다. 간편하고 피부에도 좋을 뿐만 아니라 서랍장과 화장대에 널려 있던 유통 기한도 불확실한 화장품들을 전부 치워버리게 되어서 얼마나 홀가분한지 모른다.

피부 관리 외에 메이크업에 대해서도 재고할 필요가 있다. 화장품 회사에서 추천하는 온갖 종류의 화장품을 덕지덕지 바르는 게 정말 아름다워 보이는가? 진정한 메이크업의 목적은 화장을 한 듯 안 한 듯하게 보이는 자연스러운 아름다움이다. 못 믿겠다면 주변의 남자들에게

물어보라. 대부분 자연스러운 얼굴에 미소 띤 모습을 좋아한다고 말할 것이다.

당신뿐만 아니라 딸에게도 자연스러운 아름다움을 심어주어라. 딸이 메이크업의 환상에 빠지기 전에 자신의 타고난 얼굴에 긍정적인 자신감을 갖도록 한다면 화장품이 주는 혼란 속에서 구해낼 수 있다.

물론 번잡한 관리를 피하기 위해서는 기대치를 낮추는 일이 필요하지만, 일단 한 번 시작하면 그동안 어떻게 그런 번거로움을 견뎌왔는지 스스로 놀랄 것이다.

하이힐에서 내려와라

패션 아이템 중에서 하이힐만큼 여성의 행동을 구속하고 건강을 위협하는 것도 없다. 발 전문 의사들은 여성들이 지속적으로 하이힐을 신으면 발 모양이 변형되고, 엄지발가락에 염증이 생기며, 발뒤꿈치에 못이 박힐 뿐만 아니라 종아리와 무릎, 척추에 많은 질병을 유발한다고 충고한다. 그럼에도 불구하고 여성들은 패션이라는 이름 아래 하이힐을 벗지 못한다.

그나마 다행히도 요즘은 개성 시대라 편하게 신을 수 있는 굽 낮은 로퍼나 굽이 아예 없는 플랫 슈즈도 패션 아이템으로 인기다. 물론 여전히 많은 남성들이 그래도 하이힐이 갖는 섹시함에 대한 로망을 품는다. 바로 이런 이유로 여성들은 고문 같은 불편함 속에서도 하이힐을 놓지 못하는 이유다.

그러나 정말로 단순한 삶을 살고 싶은데 주위의 남성들이 하이힐을 신은 여성을 매력적으로 생각한다는 이유로 힐을 벗지 못한다면 이제는 그 사람들의 인식을 바꿔줘야 할 때다.

발의 불편함 외에도 하이힐은 신발장을 정리할 때도 골칫거리다. 신발장에 수납하는 구두의 높이가 비슷비슷하면 얼마나 정리가 간편하겠는가?

이는 남성들의 수납장이 여성들의 것보다 훨씬 정리가 잘되어 있는 주된 이유다. 남성용 구두는 높이가 일정하기 때문에 바지의 길이에 상관없이 입고 싶은 양복이나 면바지에 모두 맞춰 신을 수 있다.

하이힐을 포기하면, 높은 굽에 올라 아무렇지 않은 듯 거드름을 피우며 보도 위를 걸어가는 여자들만큼 불쌍한 종족도 없다는 생각이 들 것이다. 물론 하이힐을 신고 있는 그들은 나중에 발가락과 척추에 다가올 재앙까지도 부정하고 싶겠지만.

자질구레한 액세서리는 버려라

여성의 패션을 완성시킬 수도 있지만 파괴시킬 수도 있는 영향력을 가진 물건이 바로 액세서리다. 남성은 간단하다. 그들이 신경 쓰는 것은 겨우 넥타이 정도고, 더해봤자 넥타이핀과 시계, 가방, 신발 등이 전부다. 특히 신발은 거의 항상 같은 컬러와 굽 높이를 신기 때문에 엄밀히 말하면 액세서리라고 말하기도 뭐하다. 반면에 여성은 귀걸이, 목걸이, 팔찌, 브로치, 시계, 스카프, 타이, 벨트, 선글라스, 핸드백, 손가방을 비롯해 계절에 따라 모자와 스타킹이 바뀌고, 다양한 컬러와 굽 높이의 구두까지 수도 없이 많다.

여성의 액세서리는 한계가 없다. 또한 스타일에 따라 완벽하게 어울리기란 거의 예술의 경지라서 패션 종사자들이나 가능한 일이다. 당신이나 나와 같은 보통의 사람들에게는 어지간히 힘든 일이 아닐 수 없다. 멋지게 외출복을 차려 입고도 구두의 굽이나 핸드백이 전체적으로 조화를 이루지 못해서 스타일이 구겨진 적이 얼마나 많은가? 구찌나 루이비통 같은 명품 백은 가장 힘든 아이템이다. 명품 백과 잘 어울리는 옷이 얼마나 있겠는가?

오랜 세월 동안 많은 여성들의 사랑을 받아오고 인정받은 패션의 기본은 심플함이다. 핸드백은 던져버리고 하이힐은 벗어버려라. 심플한 패션이란 그런 것이다. 심플하면서 엘레강스한 귀걸이 몇 쌍만 남기고 다른 자질구레한 액세서리를 과감하게 버리면 오히려 패션에 큰 도움이 될 것이다.

인조 손톱은 떼고, 매니큐어는 지워라

1980년대 여성의 필수 패션 아이템 중 최고의 유행은 단연 네일 케어였다. 네일 케어는 패션을 위한 치장 중 가장 복잡하고 시간이 많이 드는 작업이다. 손톱을 윤이 나게 문지른 후 그 위에 밝은 색상의 컬러를 바르고 인조 손톱을 붙인다. 우리가 바르는 온갖 종류의 화장품 중에서도 매니큐어는 바르는 데 시간이 가장 많이 걸리는 작업이며, 비용도 많이 들 뿐만 아니라 강한 화학 독성으로 인해 손톱의 염증 같은 문제를 유발하며 환경적인 문제까지 야기한다.

손톱 끝마다 아크릴 손톱을 붙여 유해한 화학 성분에 노출된 채 매주 몇 시간씩 보내는 일은 우리가 지향하는 간편한 삶과 어울리지 않는다. 지금은 그래도 드라큘라 같이 손톱을 길게 붙이던 시대가 아니라서 얼마나 다행인가. 수많은 여성들처럼, 아니 나처럼 손톱 정리에 길들어 있었다면 이제는 단정하게 깎아서 깨끗하게 정돈된 건강한 손톱의 자연미에 눈을 떠야 할 때다. 길게 기른 손톱 때문에 스타킹 올이 나가 당황스러웠던 기억은 이제 끝이다.

작은 핸드백을 들어라

패션에도 단순화 프로그램을 적용하기로 했다면, 심플한 복장에서 가장 눈에 띄지 말아야 할 게 핸드백이다. 가능하다면 아예 들고 다니지 않는 게 좋다.

꼭 핸드백이 필요하다면 어깨 끈이 있는 작은 가방이 좋다. 두 손을 자유롭게 사용할 수 있고 그 정도면 신분증과 약간의 현금, 립스틱 정도는 충분히 넣을 수 있다. 출퇴근 때나 밤에 약속이 있다고 해도 그 외에 필요한 게 뭐가 더 있는가? 없으면 생존할 수 없다고 여기는 아이템은 자동차 앞자리의 수납장과 사무실 책상 서랍에 넣어두면 된다.

가볍게 외출할 때는 바지나 스커트 혹은 재킷의 주머니를 활용하라.

어떤 옷차림에든 잘 쓰지도 않거나 혹은 한 번도 쓸 일이 없는 잡동사니까지 몽땅 넣은 커다란 핸드백을 메는 것은 품위를 손상시키는 일이다. 보따리 같은 무거운 핸드백을 내려놓고 해방감을 만끽하라.

쇼핑 시간을 줄여라

내가 아는 사람들의 대부분은 일주일에 두세 번 마트에 가서 쇼핑을 하고 그것으로도 모자라 수시로 집 앞 식료품 가게를 들락거린다.

좀 심한 경우, 일주일 내내 하루도 빠지지 않고 마트에 들러 장을 보는 친구도 있다. 이 친구는 아이가 없는 맞벌이 부부인데, 둘의 한 달 식비로 100만 원 이상을 쓴다고 한다. 친구는 매일 장을 보는 게 여간 귀찮은 일이 아니라고 말하면서도 막상 식단을 짜거나 계획적인 쇼핑을 하려고 하지 않는다. 그녀는 매일 신선한 제품을 살 수 있어서 좋은 점도 있다고 변명하지만, 이는 냉장고의 존재 이유를 무시하는 처사다. 결과적으로 필요 이상의 시간과 돈과 에너지를 식료품 쇼핑을 하는 데 소비하는 것이다. 게다가 마트에 가면 늘 충동구매를 하기 때문에 개봉도 하지 않은 채 유통 기한을 넘기는 음식물들로 넘쳐난다.

단순화 프로그램을 시작하면서 가장 먼저 생각한 것은 어떻게 하면 마트에서 쇼핑하는 시간을 줄일 수 있을까 하는 것이었다. 마트를 어슬 렁거리며 시간을 낭비하는 건 내가 정말 싫어하는 일이기 때문이다. 나는 매주 두세 시간 걸리던 쇼핑 시간을 절반으로 줄이는 것을 목표로 세웠다.

나는 먼저 컴퓨터 앞에 앉아서 우리 생활에 필요한 식료품들을 나열했다. 그런 다음 자주 가는 마트의 식품 배열 순서대로 목록을 재배치했다. 그렇게 완성된 식료품 목록을 여러 장 출력해서 부엌 서랍에 넣어두고는 마트에 갈 때마다 가져갔다. 식료품 목록은 식습관이 바뀌면 더불어 같이 바뀐다.

이제 나는 마트에 가려면 먼저 식탁 의자에 앉아 간략하게 일주일 치 식단을 계획한다. 그리고 컴퓨터로 출력한 식품 리스트를 보며 필요한 물건이 무엇인지 체크한다. 주방에 앉아서 하기 때문에 어떤 품목이 떨어졌는지 바로바로 훑어볼 수도 있다.

쇼핑할 리스트를 작성하고 식료품을 담기까지의 전체 과정은 한 시간도 채 안 걸린다. 깜박 잊어버린 물건을 사기 위해 주중에 다시 마트에 가는 일도 거의 없어졌다. 물론 식습관을 단순화해서 그런 것도 있지만, 쇼핑 리스트를 작성하면서 실질적으로 한 달 식비로 나가는 지출이 줄었고 감사하게도 더 많은 자유 시간이 생겼다.

이처럼 쇼핑 리스트를 이용했을 때의 또 다른 이점은 쇼핑에 익숙하지 않거나 혹은 마트에 직접 가지 못하는 상황일 때, 배우자나 아이들이 목록을 확인해 쇼핑을 대신해줄 수 있다는 것이다.

생필품은 대량으로 구매하라

식료품 쇼핑 시간을 줄이는 또 하나의 방법은 물건을 대량으로 구매하는 것이다. 그전까지는 집이 넓지 않아서 대량으로 구매하는 것은 우리와 맞지 않다고 행각했다. 더 이상 수납할 공간이 없었기 때문에 대량으로 구매했을 때의 이점에 대해서는 차분히 계산해보지도 않았다. 그러나 집에서 오트밀 머핀을 만들기 시작하면서 대량의 오트밀이 필요해지자 이때부터 묶음으로 구매하는 방법을 생각하기 시작했다.

오트밀을 대량으로 구매하자 돈이 절약되는 것은 물론이고, 시간과 에너지와 포장재까지 얼마나 절약되는지를 실제로 체감했다. 그러면서 다른 물건도 대량으로 구매하면 좋겠다는 생각을 자연스럽게 하게 되었는데, 의외로 대량 구매가 가능한 물건이 많았다. 그래서 나는 아예 대량 구매할 물품 리스트를 따로 작성했다. 키친타월, 티슈, 합성세제, 주방세제, 애완동물 사료, 치약, 샴푸, 면도크림, 쌀, 잡곡, 견과류, 빵에 들어가는 재료 등이다.

우리는 일 년에 한두 번 이런 물건들을 비축하기 위해 지역 대형 할인매장에 간다. 서랍장과 캐비닛 속의 잡동사니를 엄청나게 처분했기 때문에 수납 장소도 충분히 확보되어 항상 필수품이 떨어지지 않도록 넉넉하게 채워놓을 수 있다.

하지만 대형 할인점이라고 해서 모든 물건이 항상 싼 것은 아니기 때문에 구매할 물품의 정상 가격이 얼마인지 알고 있어야 한다. 대량으로 구매하는 이유는 가격 혜택 때문인데 굳이 비싼 값을 치르면서 한꺼번에 많이 살 이유는 없다. 또한 대형 할인점에 갈 때는 구매할 물품을 세부적으로 적어 가야 한다. 그렇게 하면 필요없는 물건을 싸다는 이유로 충동구매할 일이 생기지 않는다.

돈과 시간이 절약되는 것은 물론 묶음으로 사면 좋은 점은 포장이 간소화되어 쓸모없는 포장재 낭비를 막는다는 것이다. 실제로 많은 대형 할인점에서는 장바구니를 가지고 오도록 권하고 있다.

원스톱 쇼핑을 하라

예전에는 일상적인 용무를 보는 데 참 많은 시간을 소비했다. 볼일이 생기면 두 번 생각하지 않고 시내로 차를 몰았다. 뭔가 필요해서라기보다 거의 습관적인 행동에 가까웠다.

11㎞를 달려 시내의 식료품점에 들렀다가 다시 8㎞를 돌아와 은행에서 일을 보고, 두 블록 옆에 있는 우체국에 들른 다음 세탁소를 가기 위해 다시 10㎞를 간다. 거기서 다시 몇 킬로미터 떨어진 쇼핑센터로 이동해 비디오 대여점, 철물점, 서점, 애완동물센터에 들러 나머지 일들을 처리한다. 생선가게나 빵집, 꽃집도 중간중간 들른다.

지금은 다행히 한 블록만 걸어가면 모든 것을 한꺼번에 해결할 수 있는 쇼핑센터가 생겼다. 동물병원, 애견미용실, 사진관, 약국도 가깝고 게다가 걸어갈 수 있는 거리에 멋진 레스토랑도 여러 개 있다. 이로 인해 주말에 용무를 보는 시간이 적어도 한 시간 반은 줄었다.

필요한 용무를 한꺼번에 처리할 수 있는 쇼핑센터가 가까이 있지 않다면, 원스톱 쇼핑이 가능한 가장 가까운 곳을 찾아라.

자동차도 세탁기와 건조기처럼 현대인이 남용하는 대표적인 것들 중

하나다. 편리하다는 이유로 하지 않아도 될 일들을 하느라 시간을 낭비하면서도 미처 깨닫지 못하고 있다. 오히려 쉽게 타고 나갈 자동차가 없다면 불필요한 외출이 대폭 줄어들 텐데 말이다.

0 1 8
세탁물의 양을 줄여라

랠프 키스Ralph Keyes는 자신의 유명한 저서 『타임락 *Timelock*』을 통해 현대에는 시간을 효율적으로 단축시켜줄 것이라고 믿는 편리한 도구들이 도처에 널려 있지만 실제로 이런 도구들이 그렇게 많은 시간을 절약해주지는 못한다고 지적한다. 세탁기와 건조기가 바로 그 예다.

지난 50년 동안 우리의 할머니나 어머니 세대가 집안일을 하면서 보낸 시간과 오늘날 우리가 집안일로 보내는 시간을 비교한 연구 보고가 있었다. 결과는 흥미로웠다. 오늘날 편리한 세탁기와 건조기가 있음에도 불구하고 빨래와 건조를 하는 데 들어가는 총 시간은 예나 지금이나 별반 다르지 않고, 경우에 따라서는 더 걸리기도 한다는 것이다. 이유가 무엇일까? 세탁물의 양이 엄청나게 늘었기 때문이다.

가령 과거의 할아버지는 월요일에 와이셔츠를 꺼내서 일주일 동안 조심스럽게 입다가 할머니가 세탁을 하는 주말이 되어서야 빨래 통에 넣었다. 반면 우리는 어떤가? 하루에 두세 벌의 옷을 갈아입는 것쯤 대수롭지 않게 생각한다. 운동복, 외출복, 실내복 등 각각의 용도에 따른 옷을 꺼내 입고는 벗자마자 세탁 바구니로 던진다.

수건이나 속옷도 마찬가지다. 눈썹 하나 까딱하지 않고 한 번 씻을 때마다 한 장씩, 하루에 두세 장의 수건을 기본으로 사용한다. 그렇다고 한들 뭐가 대수겠는가? 세탁기로 돌리면 그만인데, 안 그런가?

물이나 세제, 가스, 전기 등 기타 비용이 여전히 많이 들기는 하지만 세탁을 도와줄 가족이 있다면 그나마 낫다. 만일 혼자서 세탁을 도맡는다면, 주말에 세탁을 하는 데 보내는 시간이 길어질 테고 그러면 문제는 사소하지 않다.

후자에 속한다면 가족끼리 둘러 앉아 빨랫감에 대해 다시 생각해볼 필요가 있다. 합의점을 도출하는 게 크게 어렵지는 않을 것이다. 식구들마다 일주일에 내놓는 세탁물의 양을 공평하게 줄이면 된다. 만일 옷장을 단순하게 정리했고 자주 세탁할 필요가 없는 어두운 색상의 옷이 많다면 세탁물은 이미 절반으로 줄어든 셈이다. 최대한 깨끗하게 오래 입도록 하고, 아이들에게도 똑같이 가르쳐라. 수건도 하루에 한 장이면 충분하다.

침대 시트도 마찬가지다. 매주 침대 시트를 갈아야 한다고 누가 그러는가? 어머니 세대에는 그랬을지도 모른다. 하지만 밖에서도 일하고 집에서도 또 일을 해야만 하는 워킹 맘이 많은 요즘은 다르다. 보름, 아니면 더 오랫동안 침대 시트를 갈지 않는다고 해서 결코 세상이 바뀌지는 않는다. 단, 시어머니에게는 비밀로 하도록.

청소 시간을 반으로 줄여라

불필요한 물건과 서비스에 대한 욕심을 버리고나면 청소 도우미 없이 혼자서도 집안을 청소할 수 있다. 스스로 하든 도움을 받든 제프 캠벨Jeff Cambell의 『스피드 클리닝*Speed Cleaning*』을 읽어보라. 읽는데 30분도 걸리지 않지만, 다 읽고 나면 청소하는 시간과 비용이 절반 이상 줄어든다.

내 나름대로 효과적인 청소법을 가지고 있다고 생각했는데, 이 책은 내가 생각하지도 못한 비법으로 청소 시간을 확실하게 단축해주었다. 예를 들면 효과적인 청소를 위해 단계별 동선을 그려 따라하기 쉽게 알려준다. 그래서 온 집안을 왔다 갔다 하지 않고 한 번에 위에서 아래로, 왼쪽에서 오른쪽으로 이동하면서 청소를 할 수 있다. 방안 구석부터 시작해서 집 안 전체를 완벽하게 청소하기에 안성맞춤이다. 이 팁만으로도 청소하는 시간이 확연하게 줄어든다.

스피드 클리닝 시스템을 이용하면 34평 정도의 집을 한 시간 만에 깨끗하게 청소할 수 있다. 일단 스피드 클리닝에 나온 대로 정돈을 해놓으면, 매주 청소할 필요도 없다. 한 번 완벽하게 청소된 상태면 환경에 따라 보름 혹은 한 달에 한 번만 청소를 해도 충분하다.

이 책은 시간과 에너지, 물, 청소용품 그리고 무엇보다도 주말 시간을 아낄 수 있는 방법을 알려준다. 친환경 제품, 최신 청소기, 청소 기술에 대해서도 자세하게 알려준다. 더 나아가 청소 도우미를 불렀을 때 어떻게 하면 효율적인 서비스를 받을 수 있는지도 조언한다.

청소 도우미의 도움을 받지 않고 혼자서 청소를 하면 삶이 더 복잡해지지 않을까 걱정스러울 수도 있다. 방이 다섯 개 이상 되는 큰 집이라면 더 그럴 것이다. 하지만 삶을 최적화한다면 누군가의 도움 없이도 저렴한 비용으로 일상적인 청소는 쉽게 할 수 있다. 가족들이 협조적이라면 일은 더욱 간단하다. 아이들에게도 효과적인 청소 방법과 집안 정돈의 기술을 가르쳐라. 당신의 삶만 편해지는 게 아니라 아이들도 삶을 단순하게 사는 방법을 배우게 된다.

먼지를 실내로 끌고 들어오지 마라

집 안으로 들어가기 전에 항상 입고 있는 옷과 신발, 모자, 가방, 그리고 머리 등을 털고 들어가는 습관을 들여라. 이 단순한 습관으로 얻는 혜택은 엄청 크다. 실내로 유입되는 먼지의 양을 줄임으로써, 먼지뿐만 아니라 달갑지 않은 오물의 유입까지도 꽤 줄일 수 있다. 이것만 지켜도 가구 위나 카펫, 마룻바닥에 뽀얗게 쌓이는 먼지들이 눈에 띄게 줄어들 것이다. 그러면 큰 노력 없이 한결 청정한 공기 속에서 살 수 있다. 집에 들어서기 전에 먼지를 털어버리는 습관은 끌어안고 있던 골칫거리를 먼지와 함께 밖에 놓아두고 들어온다는 느낌마저 든다.

뭐니뭐니 해도 이 방법의 가장 획기적인 변화는 특히 신발을 벗고 사무실에 들어갔을 때 누릴 수 있는 청정함이다. 사무실에 들어가기 전에 길에서 신고 다니던 신발을 벗고 들어가는 이 단순한 습관이 주는 혜택으로 우리는 오랜 시간 머무는 직장의 환경을 성소만큼이나 깨끗하게 유지할 수 있다. 거의 마법에 가까울 정도다.

이런 아이디어는 컴퓨터 소프트웨어 회사를 운영하는 지인에게서 나왔다. 회사의 특성상 먼지가 없는 환경을 유지해야 하기 때문에, 그는 몇 년 전부터 직원들에게 문 밖에서 온몸에 묻어 있는 먼지를 털고 들어오게 한 다음 그것으로도 부족해 아예 신발을 벗고 실내화를 갈아 신고 들어오도록 했다. 물론 실내화는 회사의 복지정책으로 예산을 따로 책정했다. 이제 그 회사의 직원과 방문객은 현관에서 신발을 벗었는지 확인하는 일이 습관이 되었다.

사무실 입구에 신발장을 설치하라. 벗은 신발을 그 안에 넣어두고, 그리고 슬리퍼를 비치해두는 것이다. 신고 벗기 편한 슬리퍼를 골라 비치해두면 자연스럽게 입구에서 신발을 벗고 들어오게 된다.

화려한 색깔의 카펫을 깔아라

집 안에 깔려 있는 밝은 회색의 카펫을 볼 때마다 처음 인테리어를 바꿨을 때 왜 좀더 사려 깊지 못했을까 하는 후회가 밀려오곤 했다. 당시, 그러니까 1980년대 중반에는 옅은 갈색과 백색에 가까운 회색 카펫이 대유행이었다. 1970년대의 다크 브라운과 오렌지색, 1960년대의 녹색이 뒤섞인 색상의 카펫과는 사뭇 달랐다.

당시 유행에 맞춰 산 밝은 색의 짧은 털 카펫은 관리만 잘하면 무척 고급스러워 보인다. 그러나 관리를 잘한다는 게 어디 말처럼 쉬운 일인가! 쉽지 않은 정도가 아니었다. 고양이 털, 과자 부스러기, 커피 자국은 말할 필요도 없고 자그마한 얼룩이나 먼지 한 톨까지도 고스란히 드러났다. 때가 잘 타지 않는 직물이라면 티도 나지 않았을 모든 것들이 선명하게 존재를 드러냈다.

집의 평수를 줄여 아파트로 이사를 하면서 나는 망설임 없이 그 밝은 색의 카펫을 여러 가지 컬러가 모래처럼 촘촘하게 조합된 것으로 바꿨다. 그건 내가 결정한 최고의 인테리어였다고 자부한다. 만일 당신이 카펫 때문에 고민한다면 여러 컬러가 들어간 실용적인 카펫을 강력하게 추천하다.

또는 여러 가지 색상의 페르시안 카펫이나 동양적인 무늬도 괜찮다. 그런 종류의 카펫은 얼룩이나 반점, 음식물 자국 등이 눈에 잘 띄지 않기 때문에 세탁이 편하다. 밝고 채도가 낮은 단색의 컬러보다 관리가 훨씬 용이하다.

청소 부담을 갖지 않고도 항상 깨끗해 보이는 카펫을 원한다면 무늬와 패턴이 있거나 여러 가지 컬러가 뒤섞인 카펫을 깔아라. 당신 가족의 수많은 실수를 덮어주고 생활을 훨씬 간편하게 만들어줄 것이다.

모든 음식은 쟁반에 담아라

단순화 프로그램을 시작하기 전, 그동안의 삶을 정리하고 앞으로 어떻게 살아갈지 생각하기 위해 완전한 침묵의 시간이 필요했다. 나는 일상에서 벗어나 언덕 위에 있는 돌로 만들어진 아주 오래된 아름답고 고풍스러운 건물에서 재충전의 시간을 보냈다. 그 집은 여덟 명에서 열명 정도의 게스트가 숙박할 수 있는 곳으로 항상 몇 달 전부터 예약이 꽉 차 있다.

식사는 보통 공동식당에서 하는데, 원한다면 방에 가지고 가서 혼자 먹어도 상관없다. 커피, 차, 과일, 음료수뿐만 아니라 비만과는 전혀 거리가 먼 달콤하고 끈적끈적한 종류의 온갖 과자와 쿠키 등을 하루 종일 먹을 수 있다.

자칫 흘리기 쉬운 음식을 가득 든 손님들은 카펫이 깔린 복도를 계속해서 왔다 갔다 하며 윤이 나는 돌층계를 오르내리는가 하면, 멋진 페르시안 카펫과 동양적인 무늬의 양탄자가 깔린 방과 고급스러운 빛깔을 자랑하는 원목 바닥 위를 활보한다. 그런데도 마룻바닥이나 카펫, 양탄자 어디에도 과자 부스러기는커녕 얼룩 한 점 보이지 않았다.

그 이유가 무엇이었을까? 그 집에는 한 가지 규칙이 있었다. 주방에서 가지고 나오는 모든 음식과 음료는 쟁반에 담아야 한다. 나는 밝은 회색 카펫의 얼룩을 지우고 마룻바닥에 끼인 과자 부스러기를 청소하기 위해 땀을 뻘뻘 흘리던 나의 집을 떠올리며 왜 쟁반 생각을 못했을까 하고 후회했다.

이제 우리 가족에게도 한 가지 규칙이 생겼다. 주방에서 음식이나 음료를 가지고 나올 때는 반드시 쟁반을 사용해야 한다는 것이다. 얼마나 간단하고 명쾌한 해답인가!

하나면 족하다, 여분은 치워라

대학에 입학하자마자 오랫동안 써왔던 손톱 다듬는 줄을 모두 버리고 새로운 스테인리스 손톱 줄을 장만했다. 학생의 주머니 사정으로는 조금 비싼 가격이었지만 평생 쓸 것이라고 생각하며 무리해서 산 것이다.

나는 그 작은 손톱 줄을 무척 좋아해서 지난 15년 동안 전국 각지와 몇 개의 대륙을 돌 때마다 항상 지니고 다녔다.

경제적으로 여유가 생기자 돈을 펑펑 쓰면서 여섯 개나 되는 스테인리스 손톱 줄을 사들였다. 핸드백이나 책상, 자동차, 침대 옆 탁자 등에 한 개씩 두면서 필요할 때마다 사용할 목적이었다.

그러자 희한한 일이 벌어졌다. 나는 손톱 줄이 한 개였을 때는 그게 어디에 있는지 항상 알고 있었다. 그런데 여러 개가 생기자 막상 사용하려고 하면 그 많던 손톱 줄이 하나도 보이지 않는 것이었다. 그동안 나는 여러 가지 물건에 대해서도 비슷한 현상을 경험했다.

가령 시계가 하나인 사람은 시간이 몇 시인지 알지만 시계가 두 개면 정확한 시간을 알지 못하는 것과 같은 이치다. 더 나쁜 점은 시계를 점점 더 늘려간다는 것이다. 시계가 늘어나면 관리하고 유지하는 데 신경을 써야 하고 시간이 날 때마다 시계들이 어디에 있는지 찾아야 한다.

한 가지 물건을 여러 개 소유하는 것은 부담이다. 나는 한 개의 손톱줄만 남기고 나머지는 모두 버렸다. 최근에는 안경이나 선글라스, 만년필, 우산, 등산용 칼, 망치, 온갖 종류의 문구류와 공구류 그리고 심지어 컴퓨터까지 여분은 다 치워버렸다. 이로 인해 얼마나 삶이 간편해졌는지 경험해보지 않으면 모른다.

아스피린만 빼고 모든 약을 버려라

몇 년 전 겨울 뉴욕 출장을 갔다가 된통 감기에 걸린 적이 있다. 평소 먹던 감기약을 구할 수도 없는 데다 챙겨온 약이라고는 아스피린밖에 없었다. 하는 수 없이 아스피린만으로 견뎠는데 감기가 사흘 만에 완전히 사라졌다. 믿기지 않았다. 보통 나는 감기에 한 번 걸리면 열흘에서 보름은 간다. 어김없이 그랬다. 감기에 걸릴 때마다 나는 감기약을 먹었다. 나는 혹시 여기에 어떤 연결고리가 있는 게 아닐까 하는 의문이 들기 시작했다. 혹시 감기약을 먹어서 감기가 더 오래간 것은 아닐까 하는.

그래서 그 다음 감기에 걸렸을 때 나는 평소 먹던 감기약의 유혹을 뿌리치고 대신 뉴욕에서처럼 아스피린만 복용했다. 그러자 감기가 며칠 만에 사라졌다!

나는 이 놀라운 발견을 친한 친구들과 지인들에게 알렸고 그들도 감기약 대신에 아스피린을 먹어보고는 나와 같은 경험을 했다. 아스피린은 진통제로 사용될 뿐만 아니라 심장마비를 예방하고 여러 가지 발작 증세를 완화하며, 심장병으로 인한 사망률을 줄여주고 통증과 염증을 사라지게 하며, 잇몸 질환과 편두통의 재발을 방지한다.

아스피린의 역사가 길지 않은 탓에 내가 발견한 감기약으로서의 효능은 그동안 과학적으로 뒷받침되지 못했다. 세상에는 너무나 다양한 감기 바이러스가 있기 때문에 쉽지 않은 연구였다. 그러나 기쁘게도 내 발견을 지지해주는 연구 결과들이 최근 속속 나오고 있다. 한 연구 결과에 따르면 의학전문가들이 처방전 없이 살 수 있는 감기약인 항히스타민제는 아무런 효과가 없으며 건강과 안전에 대한 위험성에 불필요한 약이라고 주장했다고 한다. 그들은 식품의약국FDA에 감기약에서 항히스타민제를 제외하도록 요구하고 있다.

최근의 또 다른 보고서에 따르면 FDA는 시중에서 판매되는 감기약의 수백 가지 성분이 아무런 효과가 없음을 단호하게 밝혔다고 한다.

이제는 집에 있는 약상자를 과감하게 정리할 때다. 아스피린만 남기고 모든 약을 버릴 것을 신중하게 고려하라. 안약, 귀 연고, 속쓰림 완화제, 위장약, 치질약 등 미국인들이 일 년에 수백억 달러를 소비하는 수면제와 신경안정제를 포함해 모든 약을 쓰레기통에 던져라.

눈이 충혈되었다면 성급하게 일시적으로 증상을 가라앉혀주는 약을 먹으려하지 말고, 왜 충혈이 되었는지 원인을 밝혀 제거하라. 속이 쓰리다면 맵고 자극적인 음식 섭취를 줄이거나 스트레스를 많이 받는 일부터 중단하라.

생활 방식만 바꾼다면 문제점들이 사라지고 통증이 완화될 테니 수많은 약이 필요 없는 것은 의심의 여지가 없다.

침대를 정돈하지 마라

나오는 데 문제없다면, 들어가는 데도 문제없다.
 — 앤트 머너Aunt Myrna, 1953

침대가 어지럽혀 있어도 랄프 로렌이 괜찮다고 했다면, 나도 괜찮다.
 — 나, 1993

지난 40년 동안 점차 집안일이 쉬워졌다는 데는 의심의 여지가 없다. 침구류 광고를 봐도 시대가 변한 것을 알 수 있다. 랄프 로렌은 몇년 전 정돈되지 않은 침대를 배경으로 인상 깊은 광고를 찍었다. 구김이 잔뜩 간 시트와 베개, 이불, 요, 침대 덮개가 어지럽혀진 채 광고 속에 버젓이 등장한 것이다. 전업 주부로 완벽한 살림을 목표로 해온 우리 엄마에게는 아침에 자고 일어난 침대를 그대로 둔다는 것은 상상도 못할 일이었다. 앤트 머너처럼 생각하는 사람이 간혹 있다고 하더라도, 어쨌든 우리 집에서는 입도 뻥긋하지 못할 일이었다.

그러나 지금은 다행히도 시대가 변했다. 침대가 정돈되지 않았다고 해서 누가 신경이나 쓰겠는가? 누가 본단 말인가? 정돈되지 않은 침대에 확고한 신념을 가진 내 친한 친구는 누군가 어지럽혀진 침실을 지적하면 이렇게 받아친다.

"아, 침대도 숨 좀 쉬게 해주려고요."

나도 그녀의 철학을 받아들이기로 했다. 간편하기도 하거니와 침대에서 일어났을 때 그 사소하고 지겨운 일에 10분씩이나 시간을 쓰지 않아도 된다는 사실에 하루를 가볍게 시작할 수 있다. 홀가분하게 자리에서 일어나 기분 좋게 하루를 열 수 있는 것이다. 더군다나 침대를 다 덮어버릴 거라면 뭐 하러 랄프 로렌의 침구에 돈을 들이겠는가?

0 2 6

통화중 대기 서비스를 해지하라

모든 사람들이 이 의견에 동의할 거라고 생각하지는 않는다. 하지만 나는 통화중 대기가 편리함보다는 짜증을 더 많이 유발한다고 생각한다. 통화를 중단하게 만드는 무례함뿐만 아니라, 이 서비스를 이용하려면 사용료까지 지불해야 한다.

직접 "실례합니다만, 나중에 전화 드리면 안 될까요? 지금 중요한 전화를 기다리는 중이라서요"라고 말하는 대화의 기술을 잊어버린 것일까? 아니면 좀더 솔직하게 "죄송합니다. 지금 통화중이어서요"라고 말하는 것은 어떨까? 현대인들은 너무나 중요한 일을 하고 있어서 도저히 한 번에 한 통의 전화만으로는 성에 차지 않는 모양이다. 통신사에 통화 관리 서비스를 요청해야 할 만큼 말이다.

여러 개의 전화번호에 추가되는 비용을 절약하고자 하는 소규모의 회사에서는 통화중 대기 서비스가 유용할지도 모른다. 하지만 같은 시간에 같은 회선으로 두 통의 전화를 받으며 허둥대는 삶은 단순화와는 거리가 멀다. 내 생각에 동의한다면 이 서비스를 당장 취소하고 전화 요금 고지서에서 매달 빠져나가는 유료 서비스 비용을 절약하라.

재활용품을 만들기 전에 쓰레기를 줄여라

삶을 단순화하면서 누리는 부수적인 혜택 중 하나는 재활용품이 놀랄 만큼 줄어든다는 것이다. 식생활을 단순화하면 가공식품을 살 때 뒤따라오는 포장재를 줄일 수 있다. 음료수 대신에 물을 마시면 캔이나 병, 플라스틱 용기가 엄청나게 줄어든다. 일간지와 잡지 구독을 끊고 불필요한 우편물을 받지 않으면 재활용 폐지도 상당량 줄어든다.

또한 아스피린만 빼고 오래 전에 받아온 처방약이나 오히려 역효과를 불러오는 약들을 모두 버리면 약통과 약 포장재로 나오는 쓰레기 걱정도 사라진다. 충동구매를 하지 않고, 물건과 서비스에 대한 의존도를 버리고, 크리스마스나 밸런타인데이 같은 날들의 상업성에 말려들지 않는다면 재활용 포장재의 유출만 줄어드는 게 아니라 당신의 삶을 어지럽히는 많은 것들이 줄어든다. 그리고 집안의 온갖 잡동사니를 정리하고, 정돈된 그 상태를 유지하며 선물을 주고받는 것을 단순화하면 그 자체로 자연스러운 재활용 과정이 된다.

전문가들은 재활용은 쓰레기 처리 방법의 극히 일부라고 말한다. 그렇다면 아예 쓰레기를 만들어내지 않는 게 더 낫지 않을까.

0 2 8
불필요한 우편물을 줄여라

미국인들이 매년 받는 우편물을 합하면 일 년에 200만 톤이 넘는데, 그중 절반은 뜯어보지도 않은 채 버려진다고 한다. 읽게 되는 우편물을 뜯기 위해 소모하는 시간은 일 년에 3~4일이 허비된다.

아무짝에도 쓸모없는 내용으로 가득한 무작위의 우편물을 읽느라 이렇게나 많은 시간을 보낸다고 누가 상상이나 했겠는가. 얼마나 불필요한 일이며 쓰레기의 양 또한 얼마나 엄청난가? 특히 자선단체 기부 모금을 위한 편지를 받으면 죄책감을 느낀다는 맘씨 착한 내 친구 같은 성격이라면 무작위 우편물이 주는 피해는 더욱 심각하다.

개인적인 피해뿐만 아니라 환경에도 엄청난 영향을 미친다. 쓸데없는 우편물을 줄인다면 매년 1억 그루의 나무를 살릴 수 있다!

다행히도 매일 우리의 우편함을 어지럽히는 잡동사니 우편물을 줄일 수 있는 방법이 있다.

첫째, 카탈로그를 보내달라고 요청할 때 고객 주소록에 이름을 올리지 말라고 부탁하라. 해당 회사의 카탈로그 외에 다른 것은 원하지 않는다면 고객 정보를 다른 회사에 넘기지 않도록 요구한다. 대부분의 합법적인 회사는 그런 요청을 받아들일 것이다.

둘째, 원하지 않는 회사의 고객 명단에서 당신의 정보가 완전히 사라질 때까지, 우편물을 받으면 생각할 것도 없이 재활용함에 던져버려라.

과감하게 행동해야 한다. 나중에 버려야지 하면 고스란히 잡동사니가 되고 만다. 당장 버리는 게 중요하다. 가장 좋은 방법은 발송인에게 '당신의 고객 명단에서 이 이름을 삭제해주세요'라고 봉투에 적어 그회사에서 발행한 수취인 부담 반송 봉투에 넣어 그대로 돌려보내는 것이다. 이렇게 하면 당신의 이름을 고객 명단에서 뺄 수 있을 뿐만 아니라, 쓰레기도 줄일 수 있다. DM을 발송한 회사가 수백 통의 반송 우편물을 받게 된다면, 환경오염을 줄이면서 소비자에게 정보를 전달할 수있는 다른 방법을 고민할지도 모른다.

매일 처리해야 하는 우편물의 50%만 줄여도 삶이 얼마나 단순해지겠는가?

잡지 구독을 중단하라

매달 여러 권의 잡지를 구독하는 한 친구가 있다. 그녀는 자신이 하고 싶은 멋진 일을 하며 넓고 으리으리한 집에서 사랑스럽고 똑똑한 두 딸과 함께 만족한 삶을 살고 있다. 가족들은 모두가 건강하다. 무엇 하나 부족한 것 없는 남부럽지 않은 삶이다. 그러나 그녀는 최근 들어 자신이 행복하지 않다고 느끼며 자신의 삶이 뭔가 잘못되었다는 생각에 사로잡혀 괴로워했다.

어느 날 나는 그 친구의 책상 위에 수북이 쌓여 있는 한 무더기의 잡지를 발견했다. 잡지 무덤을 보자 나는 문득 그런 생각이 들었다. 그녀가 요즘 삶에 만족하지 못하는 이유가 잡지 속의 비현실적인 라이프스타일과 자신의 삶을 비교하기 때문이 아닐까?

대부분의 잡지는 우리를 매디슨 애비뉴의 쇼핑센터로 유혹하는 수단에 지나지 않는다. 잡지의 중요한 목적은 광고에 실린 물건을 사게 만드는 것이다. 달이 바뀌고 해가 가면서 우리가 인식조차 못하는 사이 잡지는 교묘하게 우리의 삶에 대한 기대치를 지속적으로 상향 조정한다.

TV를 제외하고 잡지의 광고보다 더 잠재적이고 유혹적이며 끝도 없이 소비를 부추기는 매체도 드물다. 광고회사는 출판 광고에 매년 수십억 달러를 쏟아 붓는다. 각 페이지마다 패션과 요리, 식습관, 문화생활의 유행을 만들어내느라 현란한 색채와 유명 모델들을 내세운다. 담배나 술, 자동차, 비싼 옷, 보석, 가구 등 수백 가지의 상품을 펼쳐보이며 우리를 유혹한다. 하지만 광고에 나오는 대부분의 상품은 우리에게 정말 필요한 것도 아니고, 사기도 어려운 고가품이 주를 이루고 있으며, 거의 현실과는 괴리가 있는 과장 광고다. 조니워커 레드 라벨을 마신다고 해서 정말로 이성에게 매력적으로 보일 것 같은가? 광고가 이끄는 삶은 현실과는 다르다.

지금 읽고 있는 잡지가 당신의 시간과 돈을 낭비하는 데 얼마나 영향을 미치는지 고민해야 한다. 잡지에 나온 대로 쇼핑을 하고 있다면, 이제는 잡지를 끊을 때가 되었다. 이것이야말로 매일 당신에게 "이거 어때요? 저거 어때요?"라며 손짓하는 수많은 유혹의 손길을 뿌리치고 쇼핑 중독에서 벗어날 수 있는 가장 쉬운 방법이다.

만일 잡지 중독이라면, 단번에 끊도록 하라. 잡지를 정독하느라 소비했던 시간을 메워줄 새로운 책이나 흥미, 취미를 찾아라. 당신이 정말로 좋아하는 일을 할 수 있는 시간이 얼마나 늘어나는지 깜짝 놀랄 것이다.

신문 구독을 중단하라

친구 중에 신문을 전혀 읽지 않는 부부가 있다. 남편은 물리학자이고 아내는 예술가다. 좋아하는 영화를 보기 위해 최근 VCR을 구매하기 전까지 그들 집에는 TV조차 없었다. 물론 TV 뉴스도 보지 않는다. 대부분의 사람들이 조간신문을 읽는 동안, 이 커플은 좋아하는 소설을 읽는다.

그렇다고 그들이 자신의 전문 분야 소식에 어두운 것은 아니다. 지구상에서 일어나는 일은 전문 잡지로 접한다. 그들은 자신들의 일을 통해서 세상에 공헌하고 있음을 느낀다. 다만 다른 사람들처럼 세상 돌아가는 일에 말초적인 관심을 보이며 타인의 기대를 충족시킬 의무를 느끼지 않을 뿐이다.

그들은 교육도 잘 받았고 지적이며 재미있고 사회적 위치도 높은 사람들이다. 그들은 매일 신문을 읽는 것은 자신들의 정서나 정신 건강에 전혀 도움이 되지 않는다는 결론을 내리고는 더 이상 신문을 읽지 않게 되었다.

신문이 실어다주는 나쁜 뉴스에 진저리를 치면서도 단호하게 일간지를 끊을 자신이 없다면 일단 한두 달 정도만 끊어보도록 하라. 그렇게 뉴스와 거리를 두면 내가 정말로 알고 싶은 정보와 그저 삶을 혼란스럽게만 하는 부정적인 정보의 구별이 쉬워질 것이다.

단순화 강의를 하면서 신문을 끊으라는 이야기를 하면 모두들 어리둥절해한다. 하지만 일단 실행하면, 특히 신문을 읽는 대신 다른 만족할 만한 일을 찾으면 처음 걱정했던 것만큼 신문 보는 습관에서 벗어나기가 그리 어렵지 않다는 것을 알게 된다. 매일 접하던 부정적인 정보들을 접하지 않는다는 것만으로도 삶의 단순화에 큰 도움이 된다.

삶을 단순화하기 위해 노력하고 있는 중이라면, 신문 광고 비용만 일년에 80억 달러라는 사실을 명심하라. 소비를 부추기는 이런 광고를 보지 않기 위해서라는 것만으로도 신문 구독을 중지해야 할 이유는 충분하다.

불필요한 관계는
단호하게 정리하라

삶을 단순화하는 일이 단어의 의미처럼 그렇게 쉽지만은 않다. 물론 스팸 메일 수신을 거부하고, 약통에서 아스피린만 빼고 나머지 약을 모두 버리는 일 등은 단 몇 분 만에도 뚝딱 해치울 수 있다. 하지만 짐을 줄여 작은 집으로 이사를 하거나, 날 괴롭히는 관계를 정리하는 일은 시간도 걸리고 복잡하며 막막하다.

특히 도저히 불가능한 결혼이나 풀리지 않는 관계는 스트레스를 가중시키고 고통을 안겨준다. 혹시 당신이 그런 관계를 맺고 있다면, 그 안에서 가능한 모든 노력을 다해봤지만 소용없다면 그 상황에서 빠져나오는 게 좋다. 혼자서 결정하기 힘들면 도움을 요청하라. 전문가와 상담을 하거나 전문 기관에 문의하자. 적당한 단체가 없다면 본인 스스로 만들면 된다. 비슷한 고민을 안고 있는 사람들과 정기적인 모임을 가지면서 관계의 늪에서 벗어날 수 있는 방법과 힘을 얻는 것이다.

관계 정리는 친구 사이에도 적용된다. 수명이 다했거나 긍정적인 영향을 미치지 않는 우정에 대해서는 다시 한 번 생각해보자. 결혼 생활을 끝낼 때처럼 치열하게 싸우고 신경전을 벌일 필요도 없다. 상대의 생각이 어떤지는 모르지만 때로는 내가 먼저 한 발 물러나 타인의 삶에서 조용히 사라져주는 편이 나을 때도 있다.

사실 불필요한 관계에서 벗어나는 일은 그리 어렵지 않다. 그렇게 하기로 결단하는 일이 훨씬 더 어렵다. 실타래처럼 꼬인 인간관계를 정리하는 것보다 빠르고 완벽하게 우리 삶을 단순화시켜주는 것은 없다.

지겨운 모임은 나가지 마라

나는 모임을 질색해서 별로 나가지 않는 편인데, 남편은 초대받은 모든 모임에 참석하느라 일생을 보냈다. 우리가 단순화를 시작할 때 남편은 더 이상 내키지 않는 모임에는 참석하지 않겠노라고 선언했다.

조금만 방심하면 우리는 자신도 모르는 사이에 여기저기 회원이 되어 있다. 회원이 되면 그에 따른 의무와 책임이 또 얼마나 늘어나는가? 경제적인 손실은 그 수많은 피해 중 하나일 뿐이다.

부담스러운 회비는 두말할 것도 없고, 터무니없이 비싼 음식점에서 최악의 스피치 콘테스트라도 하듯 지겨운 대화가 이어지는 회합의 시간을 견뎌야 한다. 엉성하면서 극성스럽기만 한 아마추어와 함께 일하는 좌절감이나, 단순하고 편협한 시각을 가진 사람들과 어떻게든 대화를 이어나가기 위한 필사적인 노력은 우리를 정서적으로 또 심리적으로 피폐하게 만든다.

이런 말 못할 고민을 안고 있는 사람들을 위해 남편이 했던 방법을 소개한다. 참여하고 있는 모든 모임을 적어라. 그 숫자만으로도 놀랄 것이다. 그리고 종류별로 분류하라. 아마도 다음의 항목 중 두세 개 이상 부합하는 모임을 찾기가 쉽지 않을 것이다.

첫째, 직업상 필수적인 모임
둘째, 기다려지는 모임
셋째, 회원이 된 것을 한 번도 후회한 적이 없는 모임

위의 항목에 일치되는 점이 하나도 없다면 당장 탈퇴하라. 탈퇴하기 힘들면 자연스레 제명되도록 모임 활동도 하지 말고 회비도 내지 마라. 더 많은 자유 시간이 당신을 기다리고 있을 것이다.

033
싫을 땐 단호하게
'아니오'라고 말하라

단순화 프로그램을 시작하고 스스로에게 다짐한 한 가지 일은 가족이나 친구가 아닌 사람들에 대한 사회적 의무를 줄이는 것이었다. 드디어 나는 하기 싫은 일을 부탁받거나 관심도 없는 사람들이 함께 저녁을 먹자고 하면 한마디로 안 된다고 거절할 수 있는 경지에 이르렀다. "고맙지만 사양하겠습니다"라고 단호하게 말하는 것이다.

대부분의 주중 시간을 일에 투자하기 때문에 어쩔 수 없이 지켜야 하는 의무와 마감이 있다. 하지만 퇴근 후의 저녁 시간과 주말은 온전히 내 시간이다. 그 시간들을 신성하게 지켜내기 위해서는 원하지 않는 일은, 그 일이 꼭 해야 할 것처럼 느껴지더라도 단호하게 '아니오'라고 말하는 법을 터득해야 한다.

거절을 잘하지 못하는 성격이라면 매뉴얼 J. 스미스Manuel J. Smith의 『노라고 말할 때 죄책감을 느껴요When I Say No, I Feel Guilty』라는 책을 읽어보라. 1970년대부터 줄곧 베스트셀러 자리를 지켜온 이 책은 의무감에서 벗어나기 위한 화법을 알려주고, 당신의 시간을 온전히 당신 것으로 만들어줄 것이다.

'아니오'라고 말하기 힘들면
적당한 핑계를 대라

적당히 거절하지 못해서 가고 싶지 않은 모임에 끌려가 발목이 붙잡힌 적이 얼마나 많은가? 대부분의 사람들이 정말로 가고 싶지 않으면서도 사실 별로 할 일도 없는데다가 변명거리도 준비되어 있지 않아서 이런 경험을 하는 경우가 많다.

주변에 거절을 못하는 한 친구가 있다. 그녀는 강단이 있고 활동적인 여성으로 비즈니스를 성공적으로 이끌며, 스무 명에 달하는 직원들을 문제없이 관리하고, 거래처 사람들도 잘 다루며, 대기업 임원들과의 회의도 동등한 입장에서 능숙하게 처리해내는 유능한 친구다. 그러나 그녀는 사교적인 면에서는 단호하게 행동하지 못했다. 자신도 그 사실을 잘 알고 있었지만 사람들의 기분이 상하는 것을 견디지 못하는 성격 때문에 속수무책으로 끌려다니기 일쑤였다.

최근 한 저녁 모임이 계기가 되었다. 샐리는 모임 장소에서 자신이 안절부절 못하고 있다는 사실을 깨달았다. 처음 전화로 초대를 받았을 때 사회적으로 용인될 만한 적당한 구실을 대고 거절했더라면 그 시간에 집에서 소파에 허리를 대고 누워 좋아하는 책이라도 읽을 수 있었을 텐데. 샐리는 고기 수프를 억지로 입에 떠 넣으며 다시는 싫으면서도 억지로 '예스'라고 말하지 않겠노라고 맹세했다.

그 후로 그녀는 어떻게 하면 잘 거절할 수 있을지 고민했다. 적당한 핑계를 대며 거절하기로 하고는 경우에 따른 핑계거리를 모두 적어서 집과 사무실의 전화기 옆에 붙여두었다. 이제는 별로 관심도 없는 모임에 초대를 받으면 언제나 준비해둔 적당한 핑계를 댄다. 한 발 더 나아가 길거리나 마트 계산대에서 마주치는 지인들이 청을 해오면 어떻게 거절할지도 두어 가지 준비해두었다. 마침내 그녀는 타인들 때문에 자신의 자유 시간을 포기하지 않을 수 있게 되었다.

또한 핑계는 간단할수록 좋다는 것도 배웠다.

"고마워요, 마샤. 그런데 토요일 밤에는 약속이 있어요." 그러면서 "다음에 불러주세요"라는 말은 절대 덧붙이지 않는 게 좋다는 것도 배웠다. 그런 말을 귀담아 듣는 사람들이 꼭 있으므로.

설명할 필요도 없이 그녀의 사교 모임은 급격하게 축소되었다. 하지만 정말로 중요하고 좋아하는 일을 할 수 있는 자신만의 시간은 그 만큼 더 많아졌다.

2부

·
·

삶의 속도를
늦춰라

·
·

자신의 시간을 지배하라

내가 처음으로 '해야 할 일' 목록을 만든 것은 초등학교 3학년 때였다. 그때의 작은 스프링 노트는 세월이 흐르면서 세 개의 바인더로 묶인 흡사 서류 가방처럼 생긴 검정색 가죽의 스케줄 관리 플래너로 바뀌었다. 두 페이지에 걸쳐 하루의 일과를 적고 열두 개의 분할된 공간에 차례로 목표와 우선순위, 전략, 결과, 주소와 전화번호, 과거와 미래의 계획표, 마음속 구상, 지출 내역, 개인 정보, 달력(주간, 월간, 연간), 우선적으로 관리할 일의 도표들을 기록한다. 개인적인 스케줄 관리가 필요한 전문직 종사자들에게는 낯설지 않은 수첩일 것이다.

나는 처음 이 플래너를 제대로 사용하고 손에 익히기 위해 하루하고도 반나절을 연구했다. 플래너에 적힌 대로 하루 일과를 제대로 이행했는지 확인하고, 완성한 일은 무엇인지 표시하고, 미처 끝내지 못한 일은 다음 날로 옮겨 적는 일만으로도 매일 꼬박 30분은 걸렸다. 게다가 갑자기 사업 구상이 떠오르거나 플래너에 추가할 내용이 언제 생길지 몰라서 가방을 다 차지하는 이 크고 무거운 플래너를 항상 가지고 다녀야 했다.

바쁜 현대인에게 이런 플래너는 필수품이다. 나는 매일 무수히 많은 전화 통화를 했고, 시간대마다 줄줄이 약속을 잡았으며, 한꺼번에 여러 가지 일들을 처리했다. 그리고 이 모든 일들을 빠짐없이 수행하고 있는지 수시로 확인했다. 플래너는 잠깐의 빈틈도 없이 시간을 촘촘히 활용하게 만들었고, 나는 다른 전문직의 사람들처럼 일벌레가 되어가고 있었다.

그러던 어느 날 우연히 책상에 앉아 플래너를 멍하니 바라보는데 문득 무언가가 머리를 내리치는 듯한 느낌이 들었다. 이렇게 숨막히게 돌아가는 삶이 내가 원한 삶이었나? 나는 하루가 어떻게 가는지도 모르는 이런 복잡한 삶을 원하지 않았다. 나는 단순화 프로그램을 시작하기로 결심했다.

시간이 흐르면서 점차적으로 집과 개인적인 삶 그리고 비즈니스에 적용했던 단순화를 플래너에도 적용했다. 커다란 크기의 플래너를 호주머니에 쏙 들어갈 만한 작은 수첩으로 바꿨다. 그나마도 가지고 다니지 않고 책상 한 모퉁이에 보관했다. 여러 가지 다양한 시도 끝에 마침내 단순한 삶에 어울리는 나만의 실용적인 작은 수첩을 갖게 되었다.

아직도 시간에 지배당하면서 플래너가 조종하는 삶을 살고 있는가? 이제는 당신이 시간을 지배할 차례다.

노을을 바라보는 시간을 가져라

하루 중 내가 가장 좋아하는 시간은 노을 지는 저녁 무렵이다. 그럼에도 불구하고 삶을 단순화하기 전에는 너무 바빠서 노을을 바라보는 일은 꿈도 꾸지 못했다. 삶이 단순해진 지금은 지구가 보여주는 가장 아름다운 해넘이 쇼를 거의 매일 놓치지 않고 본다.

자연의 신비로운 현상에는 사람의 마음을 건드리는 심오한 무언가가 있다. 날씨와 대기의 상태가 맞아 떨어져 조화를 이루면 멋진 형상의 구름과 오묘한 색상으로 온 세상이 물든다. 노을이 만들어내는 신비로운 빛을 바라보노라면 잠깐 동안이라도 내가 가진 일상의 문제들이 너무나도 사소하게 느껴진다.

일몰과 일출은 고맙게도 매일 일어난다. 날이 맑지 않아 노을이 장관을 펼치지 않는다고 해도 일몰 시간은 하루를 마무리한다는 깊은 의미를 갖는다. 잠시 멈춰 여유를 갖기에 좋은 시간이다. 아이들도 일출과 일몰의 아름다움을 즐길 수 있도록 도와라. 입장권도 필요 없는 멋진 퍼레이드에 초대되어 TV에서는 얻을 수 없는 감동적인 울림을 받게 될 것이다.

삶의 속도만큼
자동차의 속도도 줄여라

나는 젊었을 때 프로 카레이서에게서 운전을 배웠다. 아마 나의 질주 본능은 그때 생겨났는지도 모르겠다. 걸어다니는 사람들이나 느릿느릿 운전하는 사람들을 보면서 나는 은근히 나의 운전 실력을 자만했다. 단순화 프로그램을 시작하면서 삶의 대부분에서 속도를 늦췄음에도 불구하고 나는 여전히 내가 레이싱을 하듯 운전하고 있다는 사실을 깨닫지 못했다. 단순화를 시작하고 몇 해 지나서야 삶의 속도만큼 자동차의 속도도 늦춰야 한다는 생각이 들었다.

마침내 나는 운전 습관을 고치기로 결심했다. 속도를 늦춰 주행을 하자 운전에 대한 새로운 시각이 생겼다. 창밖의 풍경을 보고 듣고 느끼게 되었고, 다른 운전자들을 이해하는 마음도 생겨났다. 그러다보니 운전을 하면서 받는 스트레스도 크게 줄었다. 역설적이게도 운전 속도를 늦추자 오히려 나의 시간이 더 늘어났다. 생각할 시간, 하루를 돌아볼 시간, 인생을 즐길 시간이 더 많아진 것이다.

일단 자동차의 속도를 늦춰보라. 앞차가 왜 천천히 가는지 알 수 있을 것이다.

TV를 끄고 인생을 켜라

한 연구 조사에 따르면 보편적인 미국 가정의 TV 시청 시간은 하루 평균 일곱 시간이라고 한다. 근래에 바쁘게 보냈다면 TV 앞에서 보내는 시간을 꽤 줄일 수 있는 좋은 기회였을 것이다. 하지만 대부분의 사람들은 자신들이 실감하는 것보다 훨씬 더 많은 시간을 TV 앞에서 보낸다. 당신은 너무 바쁜 나머지 TV가 당신과 가족에게 어떤 영향을 미치는지, 소비와 라이프스타일을 어떻게 좌우하는지 무관심할 수도 있다. 하지만 신중하게 생각해볼 필요가 있다.

당신이 그토록 좋아하는 시트콤이 당신 생활에 긍정적인 기여를 하는가? 당신과 아이들이 반복적으로 폭력이나 범죄에 노출된다면 마음의 평화에 어떤 변화가 생길까? '간추린 뉴스'로 이뤄지는 뉴스 영상이 정보를 제대로 전달한다고 생각하는가? TV 중독으로 인해 잃어가는 활력이나 자발성, 시간의 자유로움에 대해 생각해보라.

상품과 서비스를 줄여야겠다고 결심했다면 저항하기 힘든 TV 광고도 결코 무시할 수 없다.

작년 한 해 광고주가 광고에 투자한 총 금액은 1250억 달러였는데 그중에 가장 많은 부분이 TV 광고에 사용되었다. 크리스토퍼 래시 Christopher Lasch는 자신의 베스트셀러인 『나르시시즘 문화*The Culture of Narcissism*』를 통해 현대의 광고는 소비자들로 하여금 "영원히 만족을 느끼지 못하게 하고, 불안하고 초조해하며 지루하게" 만들고 있을 뿐이라고 지적했다. TV 광고에 투자되는 돈의 비율만 보더라도 고객의 소비를 조장하기 위해 TV가 얼마나 혈안이 되어 있는지 짐작할 수 있다. 그리고 래시가 지적한 대로 TV는 다른 어떤 매체보다도 '새로운 형태의 불만'을 야기하고 있다는 것을 충분히 알 수 있다.

만일 지금이라도 TV 시청 습관이 당신의 삶을 복잡하게 하는 원흉이라는 사실을 알게 되었다면 마리 윈*Marie Winn*의 저서 『TV를 꺼라 *Unplugging the Plug-in Drug*』를 읽어보기 바란다. 이 책은 TV 중독의 무서움을 설명하고 당신과 아이들이 중독에서 벗어날 수 있는 단계별 프로그램을 알려준다.

TV를 시청하는 대신 고전문학을 다시 읽거나 좋아하는 시를 소리내어 읽는 등 평소에 시간이 있으면 해보고 싶었던 일들을 적어보라. 가족과 함께 보드게임이나 장기, 바둑, 스무고개, 끝말잇기 등을 하는 것도 좋다. 좀더 활동적인 편이라면 가족끼리 배드민턴을 하거나 인라인, 줄넘기를 하는 것도 좋다.

TV 앞에 앉는 습관만 버려도 확실히 삶이 단순해질 것이다. 실제로 실행해본 사람들이 말하길 지금까지 한 일 중에 가장 잘한 일이 TV를 끊은 것이라고 한다.

휴대전화가 삶을
이롭게 하는지 고민하라

휴대전화는 유용하게 사용하고 적당한 선만 지킨다면 우리의 삶을 단순하게 해줄 수 있다. 하지만 대부분의 현대인에게 휴대전화는 느리게 사는 삶을 방해하고 주변을 둘러보지 못하게 하는 또 하나의 요물이 되어가고 있다.

한 친구는 어느 날 내게 정말 '비상 상황'에서만 전화를 사용하기로 결심했다고 비장한 각오로 말했다. 하지만 그 결심은 세 달밖에 지속되지 못했다.

"처음엔 약속 시간에 늦거나 차가 고장 났을 때만 사용했지. 남편 말고는 번호도 알려주지 않았어. 그런데 줄을 서서 기다리는 상황이나 차가 막혀 도로에 발이 묶이면 지루함을 달래기 위해서 나도 모르게 전화를 하고 있는 거야. 정신을 차려보니 내 손에 항상 휴대전화가 들려 있더라고. 일 년 만에 완전히 휴대전화에 중독되고 말았지 뭐."

휴대전화는 현대인들의 새로운 중독제다. 운전 중에는 사고의 위험이 네 배나 커진다는 사실을 누구나 알고 있지만, 운전할 때를 제외하고는 비교적 큰 해가 없어 보이기 때문에 휴대전화 중독은 더욱 심각해지고 있다. 그러나 휴대전화가 정말 사람들과의 경계를 풀어주며 외로움을 달래주고 즉각적인 만족감을 주는 기계인지 고민해볼 필요가 있다.

만일 당신이 휴대전화 중독으로 이런 습관을 바꾸고 싶다면 먼저 솔직한 자가진단부터 해야 한다. 당신의 상사나 고객, 동료가 한 시간이나 두 시간 동안 당신과 연락이 닿지 않았을 때 일어날 수 있는 최악의 상황이 어떤 것인지 스스로에게 질문해보라. 하루 스물네 시간 전화 통화가 가능하다는 게 정말로 장점일까?

누군가에게 전화번호를 알려줄 때는 한 번 더 고민하라. 정말로 번호를 건네야 하는 경우에는 통화 가능한 시간을 알려주는 것도 좋다. "저녁 7시와 9시 사이에 전화하시면 통화 가능합니다." 아니면 "급한 일이 아니면 주말에는 가급적 삼가주세요."

공공장소에서 휴대전화를 사용할 때는 당신의 전화 통화로 주변 사람들이 얼마나 괴로울지 생각하라. 운전을 하면서 통화를 하면 다른 사람들이 곤경에 처하지는 않을지, 조금 기다렸다가 다른 사람들을 방해하지 않을 때 통화를 할 수는 없는지 생각하라. 방해받지 않고 싶을 때 걸려온 전화는 거절하든지 음성 메시지로 넘어가게 내버려두어라.

전화벨 소리에 둔감해져라

성격상 절대로 전화가 울리도록 그냥 내버려두지 못하는 사람들이 있다. 내가 결혼한 사람도 그런 사람 중 한 명이다. 나 역시 그동안 전화기의 노예로 살아오다가 전화벨 소리에 둔감해지기까지 수년이 걸렸다. 하지만 이제는 전화벨이 울려도 웬만해선 바로 달려가지 않을 만한 경지에 이르렀다.

이는 단순화 프로그램의 아주 사소한 부분이다. 하지만 누군가가 자신이 편리한 시간에 전화를 한다고 해서 그 시간이 당신에게도 편리한 시간은 아닐 것이다. 달콤한 잠에 빠져 있을 때, 뜨거운 욕조에 몸을 담그고 모처럼 느긋한 시간을 보내고 있을 때, 따끈한 식사를 막 시작하려고 할 때, 한창 흥미진진한 이야기를 하고 있을 때, 중요한 일에 집중하고 있을 때, 미친 듯이 열정적인 섹스를 하고 있을 때, 혼자만의 고요한 저녁 시간을 즐기고 있을 때 전화벨이 울리면 어떻겠는가.

자동응답기는 우리의 구세주다. 응답기에 울리는 상대방의 목소리를 확인해서 골라 받을 수도 있고, 방해받고 싶지 않은 시간에는 응답기가 돌아가게 내버려두면 된다. 만일 자동응답기가 없다면 전화 코드를 뽑아두는 것도 좋은 방법이다.

전화가 현대에 가장 편리한 도구라는 사실에 의심의 여지는 없다. 그러나 다른 사람이 아닌 나 스스로의 편리함을 위해 사용하지 못하면 이보다 더 귀찮은 물건도 없다.

초인종 소리에 신경 쓰지 마라

현관에서 울리는 초인종 소리는 전화벨과는 또 다르다. 바로 문 앞에 누군가가 서 있다는 의미다. 누군가 현관문을 두드리는 바람에 평온하고 근사한 식사 분위기를 망친 적이 한두 번이 아닐 것이다. 우리는 어릴 적부터 집에 찾아오는 손님에게 친절하게 대해야 한다고 교육받았다. 심지어 초대하지 않은 사람에게도 말이다. 덕분에 별로 달갑지 않은 방문객을 응대하느라 식탁 위의 음식이 식어가는 것을 감수해야만 했다.

나는 전화벨처럼 초인종에도 무신경해지기로 했다. 약속이 있거나 친구가 오기로 했거나 배달이 올 경우가 아니면 웬만해서는 초인종이 울려도 내버려둔다. 친구들에게는 이미 이런 얘기를 해두었기 때문에 그들은 결코 연락 없이 찾아오지 않는다.

"등기우편이라도 들고 온 우체부일지도 모르잖아?"

한 친구가 물었다. 좋은 소식을 등기우편으로 받아본 적이 있는가? 내가 알고 있는 한 그런 일은 없다.

"그래도 초인종이 울리는데 그냥 무시한다면 좀 무례한 거 아니야?"

친구는 항의했다. 그렇게 생각할 수도 있다. 하지만 진짜 무례한 사람은 내가 뭘 하고 있는지 상관하지 않고 자신이 편리한 시간에 연락도 없이 찾아와 내가 문을 열어줄 거라고 기대하며 현관문 앞에 서 있는 사람이다.

사회적인 매너를 지켜야 하는 것은 당연하다. 하지만 현관문을 두드리는 알지도 못하는 방문자로 인해 나만의 시간을 수시로 방해받는다면, 초인종이 그냥 울리게 내버려두는 편이 낫다. 혹은 현관문에 있는 구멍으로 방문객을 판단해서 당신의 시간을 내주어도 될지 결정하는 것도 방법이다. 그것만으로도 삶이 얼마나 평온해지는지 모른다.

달갑지 않은 휴일 행사는
과감하게 접어라

일 년 중 가장 스트레스를 많이 받는 날은 다름 아닌 명절이나 크리스마스다. 상업적인 크리스마스와 연말이 다가오면 쇼핑부터 선물, 요리, 송년회, 가족 모임, 과식, 과음, 과소비에 신물이 나지 않는가? 제발 좀 조용히 지나갈 수는 없을까 하고 바란 적이 얼마나 많은가? 당신의 삶을 복잡하게 하는 이런 행사들이 과연 당신이 원하는 것인가?

물론 크리스마스를 비롯해 명절 휴일을 제대로 즐기고 싶어 하는 사람들이 있긴 하다. 당신이 그런 부류라면 맘껏 즐기면 된다. 하지만 더 이상 크리스마스 파티에 앉아 있기가 힘들다면, 안심하라. 당신만 그런 게 아니다. 많은 사람들이 크리스마스에 가장 우울함을 느낀다는 연구 결과도 있다. 귀찮은 모임에 끌려 다니느니 차라리 다른 일을 하고 싶다는 사실을 인정하기란 그리 대단한 일이 아니다.

휴일을 어떻게 보내고 싶은지 상상해보라. 소파에 누워 책을 읽거나, 좋아하는 영화를 보거나, 하이킹을 하거나, 스키를 타러 가거나, 가족과 소소한 추억을 만들거나 등등의 원하는 일을 하고 있는 상상만으로도 얼마나 즐거운가.

내가 아는 한 부부는 10대 아이들이 세 명인데 크리스마스의 상술에 휘둘리지 않기 위해서 가족 캠핑을 떠났다. 이는 가족끼리 더 친밀해지고 자연과 함께할 수 있는 좋은 기회다. 또 다른 부부는 크리스마스를 어린이들을 위한 날로 지정했다. 주위의 아이들을 위해 특별한 크리스마스 선물을 사거나 만들어서 전달하고 자선 단체에 기부도 한다.

무리하지 않고 쉽게 변화를 이끌어내려면, 가족과 주변의 친구들에게 이제는 더 이상 번거롭고 복잡한 휴일을 보내지 않겠다고 미리 알려야 한다. 여기에는 크리스마스, 명절, 생일 등이 포함된다. 지금부터는 이런 날들을 좀더 의미 있게 보내겠다고 말하고 이유를 설명하라. 휴일에 다른 계획이 있다는 것을 분명히 알려라.

물론 모든 사람들이 당신의 입장을 이해해주지는 못할 것이다. 더러는 상처를 받기도 할 것이다. 미안한 생각에 마음이 무겁다면 절충을 하는 것은 어떨까? 명절은 예전처럼 보내겠지만 크리스마스는 그냥 넘어가자고 협상할 수도 있다.

그들 중에는 앞에서는 상처받은 척해도 어쩌면 돌아서서 웃는 사람이 있을지도 모른다. 형식적인 크리스마스 모임 하나가 사라져서 사실은 너무 기쁜데 지금까지의 고정관념 때문에 잠시 서운한 마음이 드는 것인지도 모를 일이다.

단순하게 생각하자. 지금 행동하면 우리는 일 년 중 가장 스트레스가 심한 날로부터 해방될 수 있다. 망설이면서 시간을 낭비하지 말고 올 크리스마스는 내가 가장 하고 싶은 일을 하는 날로 만들자.

형식적인 크리스마스카드는 보내지 마라

"크리스마스카드를 보내지 말자니, 농담이지?" 친구는 펄쩍 뛰었다. "크리스마스는 뭐니뭐니 해도 카드 보내는 맛인데."

정말로 내 친구처럼 크리스마스카드 보내기를 너무나 좋아하는 사람이라면 그냥 계속 보내라. 이 제안은 당신을 위한 게 아니다. 이는 7월 중순부터 크리스마스카드를 어떤 것으로 보내야 할지 투덜대는 사람이나, 11월 말이 되었는데도 카드를 보낼 사람들의 주소를 아직 다 받지 못해 우왕좌왕하는 사람들, 12월 중순까지 우체국에 갈 시간이나 낼 수 있을지 불평하는 사람들, 크리스마스까지 과연 카드가 도착할지 전전긍긍하는 사람들을 위한 조언이다.

또한 인쇄된 카드를 보내는 사람들에게도 해당된다. 정성껏 고른 카드나 직접 손으로 만든 카드는 받으면 기분이 좋다. 하지만 환경 문제가 심각한 요즘 연말과 연초마다 쏟아지는 인쇄된 크리스마스카드가 과연 반갑기나 할까? 이런 카드에 적힌 메시지가 뭐였는지 기억하는 사람이 있기는 할까? 왜 손으로 사인하고 주소를 적을 시간조차 없는 사람들이 이런 의미도 없는 카드를 보내는지 이해할 수 없다.

많은 사람들에게 이런 카드는 오히려 크리스마스의 모순을 알려주는 상징적 의미로 작용할 뿐이다. 정이라고는 느껴지지 않고 비인간적이며 상업적이고 자칫하면 바가지나 쓰는 휴일이라고 말이다. 카드에 쓰인 내용은 조금도 의미 있게 다가오지 않으며 오히려 종이 쓰레기만 늘어난다고 생각한다.

이제부터 형식적인 카드를 보내지 않겠다고 다짐했다면, 주변 사람들에게도 알려라. 너무 야속하다고 느껴진다면 명단을 반 이상 추려 진심으로 마음이 가는 사람에게만 카드를 보내라. 서로의 관계를 이해하는 계기도 되고 또한 당신의 카드를 받지 않은 사람들은 자신들도 카드를 보내지 않아도 되기 때문에 오히려 홀가분해할지도 모른다.

여행 가방은 작은 것으로 준비하라

내 남편은 여러 가지 일을 하는데, 그중 하나가 여행 작가다. 결혼하고 15년 동안 우리는 세계 각지를 돌아다녔다. 작은 요트로 넓은 바다를 항해하기도 하고, 기차를 타고 사막을 횡단하거나 잔잔한 운하에서 노를 젓기도 했으며, 급류를 타고 래프팅을 하거나 울창한 숲으로 둘러싸인 산을 하이킹하며 세계 곳곳을 여행했다.

이런 여행을 통해서 우리는 필요한 것은 꼭 챙기면서도 최대한 여행 가방을 가볍게 싸는 방법을 터득했다. 그래도 우리의 여행 가방에는 필요한 게 다 있었다.

많은 여행자들이 짐을 꾸리는 데 애를 먹는 이유가 여행 기간 동안 한 번도 사용하지 않을 물건들을 행여 필요할까 싶어 배낭 속에 계속해서 넣었다 뺐다 하기 때문이다. 그런 실수를 피하는 몇 가지 방법을 알려주겠다.

첫째, 여행의 목적이 휴가인가?

그렇다면 일단 여행지에 가져가고 싶은 옷을 모두 적어라. 그리고는 정장, 캐주얼, 스포츠, 실내복 등으로 구분한 다음 캐주얼에 해당하지 않는 옷은 모두 지워라. 바로 이게 대부분 여행지에서 입게 되는 옷이다. 옷장으로 가서 여행지에서 입을 만한 캐주얼은 몽땅 꺼내라. 이미 옷장을 정리했다면 그곳에는 당신을 혼란스럽게 하는 옷들이 별로 없을 것이다. 그 옷들을 개서 침대 위에 배열하라. 바지 한 개당 셔츠 몇 벌, 또 다른 바지에 어울리는 셔츠 등을 정리해 늘어놓은 후 그중 절반은 도로 옷장으로 집어넣는다. 현실을 직시하라. 여행지에 도착하면 뭔가 더 필요할 거라는 생각이 들지만, 대부분의 경우 그 옷은 아예 생각도 안 날 것이다. 이게 바로 여행 가방을 간소화하는 비밀이다. 정말로 필요한 것은 아주 적은 양이고, 분명 그게 없어도 여행지에서 불편할 일은 전혀 없다. 이 또한 당신의 인생을 단순하게 하는 비법이다.

둘째, 어두운 색상의 옷을 골라라.

여행 가방 안의 옷들은 모두 가방 안에 준비한 다른 옷들과 서로 어울려야 한다. 더운 나라를 가더라도 호주머니가 달린 재킷이나 점퍼, 조끼를 챙기고, 필요 시 캐주얼과 정장 모두를 아우르는 옷도 한 벌 가져가라. 가방은 바퀴 달린 트렁크 하나면 족하다. 하드케이스보다는 가볍고 소프트한 재질의 가방이 좋다. 바깥쪽에 주머니가 많으면 비행기 티켓, 읽을거리, 잡동사니 등을 보관할 수 있어서 별도의 작은 가방이 필요 없다. 무엇보다도 모든 국제 항공의 기내 수하물로 적합한 규격을 준수하는 것으로 고르도록 하라.

셋째, 세면용품이나 화장품은 문 손잡이나 수건걸이에 걸 수 있는 반으로 접히는 작은 가방에 넣어라. 남성이라면 이미 간단한 세면도구 세트를 가지고 있을 테고, 10분 만에 매력적으로 꾸미는 법을 배운 여성이라면 굳이 헤어드라이어나 자질구레한 물건을 필요로 하지 않을 것이다.

넷째, 신발은 두 켤레 준비하는데, 두 개의 굽 높이가 비슷하고 모두 발에 편한 걸로 선택하라. 낮은 굽이 좋다.

작은 여행 가방 하나만 달랑 들고 한 달 동안 세계 각지를 여행한다고 생각해보라. 혼잡한 교통 속을 누빌 때, 계단을 오르내리고 기찻길을 건널 때, 풀숲을 헤치고 자갈길을 지나 오지를 탐험할 때 얼마나 홀가분하겠는가!

요가로 심신을 안정시켜라

요가는 삶을 단순하게 하는 또 하나의 방법이다. 육체적 요가인 하타요가는 수행자에게 활기를 불어넣고 피로감을 줄여주며 능률을 향상시키고 집중력을 높이며, 마음에 평화와 고요함을 주기 때문에 수세기에 걸쳐 활용되고 있다. 요가는 연령에 상관없이 누구나 할 수 있다. 요가를 하면 마음이 고요해지는 것은 물론이고 몸도 강해지고 유연해지며 균형도 바로 잡을 수 있다.

나는 몇 년 전 운이 좋게도 훌륭한 요가 스승을 만났다. 덕분에 요가를 하는 수년 동안 육체적으로 그리고 정신적, 심리적으로 안정을 얻었다. 기본적인 요가 자세 몇 가지는 한 번 배우면 평생 동안 어렵지 않게 수행할 수 있다. 시간이 도무지 나지 않을 때는 몇 가지 스트레칭 동작과 정확한 요가 호흡법만으로도 긍정적인 효과를 얻을 수 있다.

요가는 시중에 나와 있는 책이나 비디오테이프로도 충분히 습득할 수 있고, 주위의 많은 요가원을 통해 배울 수도 있다.

요가 자세와 호흡법을 조합해 수행하다보면 쫓기듯 조급한 마음이 자연스럽게 사라지고 느긋하고 평화로운 마음이 찾아온다.

명상으로 삶을 새롭게 이해하라

살면서 늘 명상에 대해 관심을 가져왔지만 실제로 해볼 엄두는 내지 못했다. 진득하게 오래 앉아 있는 성격이 못 되는 탓이었다. 하지만 삶을 단순화하기 시작하면서 명상은 내 일상의 중요한 부분이 되었다.

많은 사람들이 나와는 반대다. 대부분이 명상을 시작하면서 점차적으로 삶을 단순화하기 시작한다.

단순화를 먼저 시작하고 명상에 관심이 생겼든, 명상을 배우고 단순화를 시작했든, 그도 아니면 둘을 같이 시작했든 간에 명상이 삶을 단순하게 해주는 효과적인 방법인 것만은 분명하다.

그렇다고 명상이 배우기 쉽다거나 효과가 즉각적으로 나타난다는 말은 아니다. 지속적인 명상이 가져다주는 신체적, 정신적 효과는 이미 잘 알려져 있고 구체적으로 증명되었다. 매일 직면하는 문제를 처리할 수 있는 강한 힘이 생기고, 다른 어떤 훈련으로도 얻기 힘든 내면의 고요함과 안정을 얻을 수 있다.

명상을 하는 많은 사람들이 엄청난 에너지를 얻었을 뿐만 아니라 숙면을 취하게 되었고, 집중력이 향상되었으며, 삶의 만족도가 높아졌다고 말한다.

명상법을 가르쳐주는 좋은 책과 비디오테이프는 시중에 많이 나와 있다. 그중 로렌스 레샨Lawrence LeShan이 쓴 『명상이 나를 바꾼다How to Meditate』에는 쉽고 효과적인 몇 가지 방법들이 나와 있다.

명상을 배우면 삶을 새롭게 이해하게 되고 나는 누구인지, 어떻게 살아가야 할지에 대한 답을 찾는 데 한 발 더 다가갈 수 있다.

과거를 내려놓고 현재를 살라

과거에 겪은 기분 나쁜 일이 아직도 당신의 발목을 붙잡고 있지는 않은가? 이는 직장 동료와의 말다툼으로 번지기도 하고 심하게는 결혼생활의 파탄을 불러오기도 한다. 몇 년 전에 있었던 일일 수도 있고 바로 어제의 일일 수도 있다. 밤마다 그 불쾌한 기억을 떠올리며 왜 다르게 행동하지 않았을까, 이불 속에서 하이킥을 날릴지도 모른다. 하지만 지난날의 일을 유령처럼 등에 업고 다녀봐야 아무런 해결책도 얻지 못한다.

삶의 속도를 늦추면서 가능해진 한 가지는 지난 일을 후회하는 것을 그만둘 수 있었다는 것이다. 과거를 내려놓자 거기에는 아무런 잘못도, 잘못된 결정도 없었다는 것을 깨달았다. 나는 과거를 재해석하기로 했다. 일시적인 결과가 좋은 쪽이든 나쁜 쪽이든 간에 결국 내가 바라는 대로 돌아가도록 하는 강력한 어떤 힘이 세상에는 분명 존재한다.

과거의 일을 계속 상기하는 것은 삶을 복잡하게 만들 뿐이다. 긍정적인 시각으로 지난 일을 재평가하고 과거를 놓아준다면 모든 일이 의외로 단순해진다.

웃는 법을 배워라

웃음이 우리의 삶이나 건강에 미치는 영향에 대해 가장 잘 알려진 연구는 아마도 노먼 커즌스Norman Cousins의 『웃음의 치유력*Anatomy of an Illness*』일 것이다.

커즌스는 희귀한 척추염으로 인해 점점 몸이 마비되어 거동이 거의 불가능했다. 병이 진행될수록 그는 극심한 고통에 시달렸지만 현대 의학의 어떤 첨단 기술도 그의 아픔을 구제해주지 못했다. 그는 결국 병원을 나와 웃음으로 자신을 치료하기로 결심했다. 침대에 누워 손에 잡히는 대로 재미있는 책과 영화를 봤고 웃다가 지쳐 잠들었다. 웃음은 정말 효과가 있었다. 병이 눈에 띄게 호전되었던 것이다. 이는 의학 상식으로 이해하기 힘든 일로서 전통의학협회에서는 그를 연구 사례로 삼기까지 했다.

인간은 어릴 때는 내면으로부터 자연스럽게 웃음이 나오지만 어른이 되어가면서 점점 그 기술을 잃어간다. 바쁘게 돌아가는 일상 속에서 성공을 좇으면 좇을수록, 즐거움을 느끼거나 웃는 이 자연스러운 능력에서 멀어진다. 하지만 다행히 웃음도 자전거타기와 비슷해서 쉽게 다시

회복이 가능하다.

운 좋게도 우리 동네에는 전 세계적으로 유명한 웃음 치료사 아네트 굿하트Annette Goodheart 박사가 산다. 그녀는 웃음과 관련한 오디오와 비디오테이프를 만들어서 세계 각지를 돌며 사람들에게 웃는 법에 대한 강의와 세미나를 해오고 있다. 15년 동안 해온 이 웃음 강의는 항상 자리가 꽉 찬다.

웃음 치료는 실질적으로 많은 효과가 나타나면서 점점 그 인기를 더해가고 있다. 어린 시절의 웃음을 다시 되찾는 방법을 알고 싶다면 웃음 치료 강의 프로그램을 신청하라.

아니면 당신을 웃게 하는 좋아하는 책이나 코미디, 만화를 떠올려라. 또한 웃음이 터질 만한 책이나 비디오테이프를 마련해두고 정기적으로 시간을 내서, 특히 스트레스가 쌓였을 때 보도록 한다. 웃음소리가 담긴 오디오테이프를 들어도 좋다. 재미있는 친구가 있다면 자주 만나는 것도 좋은 방법이다.

웃음은 스트레스를 줄여주고, 긴장감을 완화시키며, 화를 누그러뜨려준다. 만일 스트레스 상황에서 분노하고 화를 내며 울부짖기보다 웃으면서 응대할 수 있다면 얼마나 삶이 단순해지겠는가.

기대치를 낮춰라

현대인들은 종종 비현실적인 목표와 기대치를 설정해놓고는 무리하게 자신을 몰아붙이곤 한다. 모두들 큰 집, 빠른 차, 좋은 직업, 고액의 연봉, 장래가 보장된 미래, 행복한 결혼, 완벽한 가정, 명문대에 다니는 똑똑한 자식들, 최신 패션, 돈으로 살 수 있는 모든 최첨단 장비와 기기를 손에 넣으려면 아등바등 사는 게 당연하다고 여겼다. 하지만 아무리 열심히 일하고 또 일해도 이 모든 기대치를 충족시키기엔 역부족이다. 기대치를 초과 달성한 사람도 가끔 있긴 하지만, 불행히도 기대치를 충족시켰다고 해서 모두가 행복한 것은 아니다.

지인 중에도 자신이 설정해놓은 기대치에 집착하는 사람이 있다. 그는 큰 집, 좋은 차, 값비싼 골프 회원권, 권력이 있는 직업을 가졌지만 그의 삶은 비참했다. 자신이 하는 일을 좋아하지 않았지만 그렇다고 그 일을 그만둔다는 것은 상상도 할 수 없다고 한다. 넓은 평수의 집과 외제차, 자신이 누리는 라이프스타일을 포기할 수 없기 때문이다.

단순화 프로그램의 상당 부분은 사실상 기대치를 낮추는 데 있다. 남편과 나는 물론 다른 많은 사람들이 이제는 더 이상 예전처럼 광고에 현혹되어 큰 것만을 부르짖지 않는다. 출퇴근 시간만 하루 네 시간이 걸리는 교외에서 벗어나 직장 근처로 이사하기로 처음 결정했을 때, 우리는 경력에 대한 목표 기대치를 수정해야 했다. 당시에는 우리가 기대치를 낮출 수 있을지 의심스러웠다. 이사를 하면서 얻게 된 하루의 네 시간을 경력에서의 손실을 보상할 만큼 유익하게 보낼 수 있을 것인가도 걱정스러웠다. 결국 우리 부부는 경력을 수정함으로써 상황이 아주 달라지긴 했지만, 만족감은 오히려 우리가 처음 기대했던 것보다 훨씬 더 컸다.

설정해놓은 목표들이 달성하기 힘들다고 느껴지거나 달성을 했는데도 행복하지 않다면, 이제는 목표 지향적인 삶이 나에게 만족을 주지 않는다는 사실을 인정해야 할 때다. 과거의 기대치에 매달리는 삶은 스스로를 복잡하게 만들 뿐이다. 세상의 기대치에서 벗어나 자신만의 우선순위를 정해서 살면 더 큰 만족감과 행복을 손에 넣을 수 있다.

때로는 아무 일도 하지 마라

"아무것도 하지 마라."

누워서 떡 먹기만큼 쉬워 보이지 않는가?

나는 삶을 단순하게 만들기로 결정하기 몇 년 전까지 이어지던 나의 살인적인 하루 스케줄을 떠올려봤다. 빽빽하게 적어놓은 하루 동안의 할 일들이 거미줄처럼 플래너의 몇 장을 거뜬히 넘겼고, 미팅은 줄줄이 이어졌으며, 전화기는 쉴 새 없이 울려댔다. 나의 하루는 매시간 할 일이 정해져 있었고, 그건 잠을 자는 시간도 마찬가지였다. 그러자 내가 정말로 아무것도 하지 않게 되기까지 얼마나 많은 시간이 걸렸는지 기억이 났다. 아무것도 하지 않는 것은 생각만큼 쉬운 일이 아니다.

만일 아무것도 하지 않는 게 익숙하지 않다면 어떻게 시작하면 좋을까? 처음에는 한 시간만 해보라. 점심에 한 시간 혹은 하루 할 일을 다 끝낸 후 한 시간, 아니면 한 시간 일찍 일어나기로 했다면 그 시간을 활용해도 좋다.

점심시간을 선택했다면 조용한 곳으로 가서 가만히 앉아 있으라. 책을 읽거나 친구와 이야기를 나누거나 뜨개질을 해서도 안 된다. 아무것도 하지 않는 것이다. 명상을 하라는 말도 아니다. 그저 가만히 앉아서 머릿속에 생각들이 흘러오고 흘러나가게 내버려두어라.

아무것도 하지 않기에 좋은 또 다른 장소는 사무실이나 집 안이다. 주위를 둘러보면 해야 할 일이 잔뜩 쌓여 있는 장소에서 아무것도 하지 않은 채 시간을 보내는 것이다. 한 번도 이런 경험을 해본 적이 없다면 무슨 일이라도 해야 할 것 같은 욕구나 아무 일도 하지 않을 때 느끼는 죄책감에서 벗어나기까지 몇 번의 실패를 겪을지도 모른다.

점차적으로 아무것도 하지 않는 시간을 늘려가라. 하루 한 시간에서 하루 반나절로, 한 달에 하루로. 가능하다면 더 많은 시간을 시도해도 좋다. 아무것도 하지 않는 법을 터득하면 나의 삶이나 현재 하고 있는 업무에 대해 객관적인 시각과 통찰력이 생긴다. 더할 나위 없이 좋은 재충전의 시간이 될 것이다.

요즘 나는 최소한 한 달에 하루나 이틀은 아무것도 하지 않고 보낸다. 정신없이 돌아가는 분주한 생활 속에서 아무것도 하지 않는 기술보다 더 빨리 재충전할 수 있는 방법은 없다. 지금 바로 시작하라, 아무것도 하지 않는 일을!

0 5 1
직관을 키워라

무슨 일이 생겼을 때 뭔가 자신과 맞지 않다는 느낌에 사로잡힌 적이 있는가? 모든 상황이 완벽하게 돌아가고 추진만 하면 성공이 보장된 일인데도 막연하고 불길한 기운이 느껴질 때가 있다. 그럴 때 직관을 무시하다가는 큰코다칠지도 모른다. 직관을 잘 따르면 나중에 웃게 될 것이다.

모든 사람들은 내면에 조용하고 작은 소리를 갖고 있다. 불행히도 우리는 삶이 너무 빠르고 정신없이 돌아가서 어떻게 그 내면의 소리를 들어야 하는지 잊고 살아간다.

그동안 나는 중요한 결정을 해야 할 때면 장단점을 모두 적은 후에 결정을 내렸고 항상 논리적으로 파악해서 행동했다. 하지만 종종 논리적인 판단이 틀릴 때도 있었다. 느리게 살기 시작하면서 알게 된 소중한 교훈 중 하나는 직관에 귀를 기울이면 장단점을 일일이 직어보지 않더라도 어떻게 행동해야 할지 알 수 있다는 것이다.

내 친구는 A나 B 중에서 선택해야 하는 경우에 잘 판단이 서지 않으면 아무거나 선택한 후 과연 그 결정으로 자신이 행복할 수 있을지 내면의 소리에 귀를 기울인다. 아이들에게도 직관에 집중하도록 가르쳐서 그의 아이들은 어릴 때부터 직관을 따르는 기술을 습득했다.

이 책에서 제안하는 대로 주변을 정리하고 '아니요'라고 말하는 것을 배우며, 한 달에 하루는 나만의 시간을 갖고 일 년에 한 번은 은둔 생활을 하면서 삶의 속도를 늦춘다면 내면의 소리가 들리기 시작할 것이다. 항상 자신의 직관에 귀를 기울이고 내면의 소리를 들으려고 노력하라. 삶의 균형이 이뤄질 것이다.

인생을 단순하게 사는 100가지 방법

직장 가까이로 집을 옮겨라

몇 년 전까지만 해도 남편의 회사는 도심 한가운데 있었고 우리는 그곳에서 기차로 두 시간 걸리는 교외에 살았다. 교외에 사는 다른 많은 회사원들처럼 남편은 출퇴근하는 데만 하루에 네 시간을 허비했다. 보통 오전 6시 30분에 집에서 나가 저녁 7시가 되어서야 돌아왔다. 이 얼마나 어리석은 짓인가? 왜 자진해서 이런 어처구니없는 상황 속으로 들어가는가? 이른바 '출세'를 지향하는 사람들이 많이들 이렇게 살고 있었다. 우리는 불확실한 미래를 위해 현재의 즐거움을 내주고 있다는 사실을 깨달았다. 그래서 나름대로 삶의 중대한 변혁을 일으키기 시작했다.

먼저 직장과 가까운 곳으로 집을 옮겼다. 어떤 변화가 일어났을까? 이제 우리는 아침에 일어나면 5km 정도 해변을 산책한 후에 느긋하게 아침을 먹는다. 남편은 8시 15분 정도에 집을 나서서 8시 30분 전에 사무실에 도착한다. 일주일에 한 번 수요일 오후에는 일찍 퇴근해서 머리도 식힐 겸 몇 시간 동안 근교에 있는 산의 정상에 오른다. 매일 5시 30분이면 퇴근을 하기 때문에 해가 긴 날은 해변에 나가 놀거나 저녁 식사 전까지 산책을 한 번 더하기도 한다. 고요한 시간을 보내며 함께 책을 읽기도 하고 낭만적인 노을을 함께 감상하기도 한다. 이 모든 일들은 우리에게 아주 소중하다. 종종 연착되기도 하는 냄새 나는 불편한 기차에 하루 네 시간씩 시달릴 때는 상상할 수도 없던 일이다.

집을 옮기면서 출세를 향한 지름길에서는 다소 멀어졌을지 모르지만 성공으로 얻을 수 있는 삶의 혜택보다 더 많은 것을 누리며 만족스러운 나날을 보내고 있는 것은 분명하다. 왜 좀더 일찍 이사를 하지 못했는지 아쉬울 뿐이다.

조금 덜 일하고,
조금 더 많이 즐겨라

인생을 단순화하기로 마음먹었을 때, 일과 관련해 내가 처음 시도한 일은 업무량을 10% 줄이는 것이었다. 하루 일과를 한 시간 일찍 끝내기로 스케줄을 조정했다. 처음에는 그 일이 그렇게 쉽다는 것에 놀랐고 다음에는 한 시간 일을 덜해도 업무량이 줄어들지 않아서 또 한 번 놀랐다. 아니 어떤 면에서는 오히려 생산성이 향상되었다. 점차적으로 업무 시간을 줄였지만 업무에는 별다른 차질이 없었던 반면 만족도는 높아졌다. 이유가 뭔지 파악해보자 그동안 나는 내가 모든 일을 하루 안에 처리하거나 아무리 늦는다고 해도 다음날까지는 꼭 처리해야 한다는 강박관념에 빠져 있었음을 깨달았다. 그래서 항상 불필요한 압박감 속에서 업무에 시달리고 있었다.

점차적으로 나는 전화 통화에도 우선순위를 두기 시작했다. 모든 전화에 즉시 응답해야 하는 것은 아니었다. 하루나 이틀 후에 해도 되고, 일주일이 지나서 해도 관계없는 전화도 있었다. 기쁘게도 어떤 전화는 답신을 하지 않아도 된다는 것을 알게 되었다.

업무 프로젝트에 관해서는 좀더 현실적으로 여유 있게 마감일을 정했다. 그리고 전화 통화와 마찬가지로 모든 일을 오늘 안에 처리하지 않아도 된다는 것을 파악했다. 각 프로젝트마다 마감 일정을 예상보다 두 배로 늘려 잡기 시작했다. 그렇게 하자 제시간에 일을 완수할 수 있을 뿐만 아니라 불가능한 마감 시간을 지키기 위해서 초조하게 스트레스를 받으며 일하지 않아도 되었다.

또한 하루에 최소한 한 시간 이상은 전화 통화와 예기치 못한 미팅, 자료 찾기 등 피할 수 없는 잡무를 위한 시간으로 빼두기로 했다. 이는 또 다른 '비생산적인' 시간일 수 있지만 이런 업무 외적인 시간은 어쩔 수 없이 항상 존재할 수밖에 없다. 오히려 이런 일들을 업무로 인정하고 시간을 비워두면 예상치 못한 방해에도 전전긍긍하지 않고 웃으며 대처할 수 있다.

나는 혼자서 일하기 때문에 내 목을 조르는 상사가 없다는 것은 인정한다. 하지만 프리랜서로 일을 해본 사람이라면 다 알겠지만 상사가 없기 때문에 오히려 상사보다 더 심하게 비현실적인 스케줄로 스스로를 압박한다.

회사를 다니든 혼자서 일을 하든 하루에 열 시간 남짓 일한다면 업무 시간을 줄이는 게 현실적으로 업무의 효율을 높일 수 있는 효과적인 방법이다. 일주일에 하루나 이틀 정도, 한두 시간 정도만이라도 줄여서 일하기를 시작해보라.

잡무 시간을 줄여라

연필을 깎고, 책상을 정돈하고, 쓸데없는 통화를 하고, 커피를 한 잔 더 마시고, 스케줄을 짜고, 보고서를 정리하고, 자료 조사를 하고, 쓸데없는 통화를 한 번 또 하는 등 실제 업무를 시작하기 전에 꼭 해야 하는 이 일들은 사실 매우 비생산적인 것들이다. 잡무 중에는 불가피하고 꼭 필요한 일도 있다. 여기서 지적하는 것은 피할 수 있는 일을 말하는 것이다.

잡무를 하는 이유는 두 가지다. 하나는 해야 할 일을 회피하려는 무의식에서 비롯한 것이고, 다른 하나는 사람들에게 바쁘다는 인상을 심어주고 싶기 때문이다. 워커홀릭이 자랑처럼 여겨지는 시대에 이런 잡무는 하루 업무를 열 시간 남짓으로 늘려주었다.

조금 덜 일하고 조금 더 많이 즐기기로 마음먹으면서 포기했던 첫 번째 일이 바로 이 잡무였다. 정확하게 잡무를 분류하기란 어렵다. 사람마다 그리고 맡은 업무의 성질마다 다르기 때문이다. 그러나 공개적으로 인정하고 싶지는 않겠지만 어느 정도는 자신이 하는 잡무를 알고 있을 것이다. 그런 당신에게 해줄 말은 잡무를 그만두면 인생이 단순해진다는 것이다. 일을 적게 할 수 있기 때문이라기보다는 업무 시간 중 더 많은 시간을 중요한 일에 투자할 수 있기 때문이다. 일을 시작하기 전에 일의 우선순위를 정한 다음 목록에 없는 일은 하지 마라. 잡무의 상당 부분을 줄일 수 있다.

중요한 몇 가지 일에만 집중하라

전문직에 종사하는 사람을 떠올릴 때 당신은 가장 먼저 어떤 모습을 상상하는가. 대부분의 사람들은 으레 BMW를 타고 휴대전화로 비서와 통화를 하며, 아이패드로 실시간 바뀌는 스케줄과 정보를 확인하는 모습을 떠올릴 것이다. 그 와중에 옆자리에 앉은 회사 임원과 중요한 계약에 대해서 마무리를 지어야 하고, 제품 설명회가 열릴 클라이언트 사무실에 늦지 않게 도착하기 위해, 또 하루에 두 건씩 해치워야 하는 점심 약속에 늦지 않기 위해 곡예 운전을 해야 한다.

비즈니스에 종사하는 한 젊은 여성은 주말에 가족들과 함께 TV 앞에서 느긋한 시간을 보내는 것처럼 보인다. 하지만 실상을 살펴보면 그녀는 아기 기저귀를 갈면서 스피커폰으로 상사와 통화를 하고, 수화기 너머로 시어머니에게 걸려온 전화의 통화 대기음이 뚜뚜~ 울린다. 통화를 모두 끝내자 세 살박이 아이가 하고 있던 오락 게임기를 끄고 서둘러 밥을 먹이면서 남편의 비즈니스 파트너 열 명을 위한 저녁 식사를 준비하기 위해 분주하게 주방을 오간다.

우리 모두는 각자 나름의 '멀티태스킹 일상'에 물들어 있다. 과연 모든 일을 동시에 진행하면 더 많은 일을 할 수 있을까? 그럴지도 모른다. 하지만 그게 정말로 중요할까? 아닐 것이다. 정신없이 흘러가는 시간 속에서 과연 행복을 느낄 수 있을까? 대부분은 절대 그렇지 않다. 그렇다면 우리는 그런 행동을 바꿔야 한다. 그렇지 않은가? 열 가지 일을 한 번에 하는 법을 배웠듯이, 마찬가지로 한 가지 일을 한 번에 하는 법도 터득할 수 있다.

일단 할 일을 적어 목록을 만들어라. 플래너에 적혀 있는 '오늘의 할일' 말고, 정말 중요한 일만 적은 새로운 목록이다. 새로운 목록을 다시 반으로 줄여라. 그리고 최종 목록에서 가장 중요한 일부터 시작하라. 한 가지를 처리했으면 다음으로 중요한 한 가지를 하라. 한 번에 한 가지씩만 하는 게 중요하다. 가능한 집중해서 하고 방해 요소는 제거하라. 시작한 지 보름이 지났을 때 매일 해야 한다고 느끼는 일들이 반으로 줄어 있다면 성공한 것이다.

약간의 훈련과 정기적인 자기 점검만 이뤄진다면, 한 번에 한 가지 일만 하는 데 금방 익숙해진다. 여러 가지 일을 한꺼번에 할 때보다 중요한 일 몇 가지에만 집중할 때 더 큰 행복감을 느낄 수 있다.

가족을 직장에 초대하라

내 친구 캐서린은 잘나가는 TV 프로듀서다. 비록 방송국과 세트장에서 보내는 시간이 길긴 하지만 그래도 회사 업무와 가정 일을 능숙하게 잘 해내고 있다. 캐서린의 남편 잭은 프리랜서 예술가라 집에서 일을 하기 때문에 아이들 두 명의 양육도 책임지고 있다.

캐서린과 잭이 삶을 단순화하기로 결정을 내리면서 한 일 중 하나는 아이들에게 부모가 어떤 일을 하는지 보여주는 것이었다. 아이들은 아빠가 하는 일에 대해서는 잘 알고 있었다. 아빠의 작업실이 집에 있기 때문에 자유롭게 드나들었으며, 잭의 작품을 전시하고 판매하는 갤러리에도 자주 함께 다녔기 때문이다. 하지만 엄마가 정확하게 무슨 일을 하는지, 왜 바쁜지에 대해서는 잘 알지 못했다. 그래서 잭은 최소한 일주일에 두 시간 정도 아이들을 데리고 캐서린의 방송국으로 가서 점심을 먹고 세트장에서 한 시간 가량을 보내면서 아이들의 엄마가 하는 일을 지켜보다가 돌아오기로 했다. 식구들은 캐서린의 회사 동료, 그들의 가족과 모두 친해지게 되었다. 캐서린이 동료들에게도 아이들을 스튜디오로 데리고 오라고 권했기 때문이다.

업무 시간에 캐서린의 회사로 아이들을 데리고 오는 것은 부부 모두에게 시간이 소비되는 일이었지만, 캐서린과 잭은 충분히 그럴 만한 가치가 있는 일이라고 판단했다. 아이들은 부모가 무슨 일을 하는지 이해하게 되었고, 부모의 일에 대해 같이 대화를 나누면서 가족의 유대를 더 많이 느낄 수 있었다. 캐서린이 아이들을 회사에 데려오기 전에는, 그녀가 회사만 가려고 하면 아이들은 끔찍하게 울어대면서 엄마의 출근을 방해했다. 지금은 엄마가 어디에 가는지, 같이 일하는 사람들이 누구인지, 가서 무슨 일을 하는지 머릿속에 그릴 수 있기 때문에 엄마의 출근길에 얌전히 인사를 건넨다.

그뿐 아니라 아이들을 정기적으로 회사에 초대하면서 얻게 된 뜻밖의 혜택도 있다. 캐서린은 아이들의 방문으로 경직되고 딱딱한 분위기에서 생기는 직장 내 스트레스를 덜게 되었다. 업무에 시달리던 상사도 생기발랄한 아이들을 보면서 잠시 동안 웃을 수 있고, 호기심으로 눈을 반짝이는 아이들에게 일에 대해 설명해주는 시간을 소중하게 생각하기 시작했다. 자신들이 근무하는 공간에 가족을 초대하기 시작하면서 동료애도 더 생겨났다. 서로의 가족이 가지고 있는 특별한 재능이나 욕구를 알 수 있는 기회를 가지면서 더욱 친밀해졌기 때문이다.

물론 모든 회사가 캐서린의 회사처럼 아이들을 초대할 수 있는 것은 아니다. 하지만 내가 하는 일에 아이들을 연결할 수 있는 방법이 뭐가 있는지 생각해보는 것은 충분히 그럴 만한 가치가 있다. 다소 한가한 주말에 아이들을 데려가는 것은 어떨까? 아이들에게 직장 동료를 소개해주고 가능하다면 그들의 아이들과 어울릴 시간을 만들어라. 당신이 하는 일이 무엇인지 설명해주고, 일하는 과정이나 일의 결과물을 보여주어라. 가족과 함께하는 것이야 말로 복잡한 오늘날을 잘 헤쳐 나갈 수 있는 확실한 방법이다. 그런 면에서 아이들과 내가 하는 일을 공유한다는 것은 그 시작으로 더할 나위 없이 좋은 방법이다.

정기적으로 삶을 재점검하라

단순한 삶을 유지하려면 지속적으로 주의를 기울여야 한다. 삶을 단순화하는 과정을 한 번 거쳤다고 해서 이후에 자동적으로 유지될 것이라고 생각하면 오산이다.

첫째, 무엇보다도 많은 사람들이 소비의 즐거움과 소유를 늘려가는 만족감에 중독되어 있고, 이런 습관은 쉽사리 바뀌지 않는다.

둘째, 우리의 문화는 단순하게 살기로 선택한 사람들을 가만 놔두지 않는다. 온갖 미디어 매체나 가족, 친구, 이웃들이 끊임없이 우리에게 신제품을 소개하고, 한번 써보라고 유혹하면서 느리게 걷는 삶이 아닌 과거의 빠른 삶으로 다시 돌아오라고 부추긴다. 이런 유혹을 견디기란 쉽지 않다. 터무니없는 것들도 있지만 그럴 듯해 보이는 것도 있기 때문이다. 선택은 당신이 해야 한다.

식습관을 단순화한 친구 부부가 있다. 그들은 내로라하는 미식가로 사람들이 알 만한 웬만한 요리 기구는 집안에 다 갖춰놓고 있었다. 단순화를 위해 주방용품을 정리하면서 그들은 수많은 기구들 중 와인 만드는 기구, 토르티야 전용 압축기, 우유 거품 기능이 달린 에스프레소 머신, 파스타 제조기, 마흔두 가지 기능의 요리 전문가용 믹서를 치우기로 결정했다. 그들은 몇 달 동안 요리 도구 카탈로그에서 해방되어 마음껏 자유를 느꼈다.

하지만 그리 오래 지나지 않아 정신을 차려보니 어느새 주방이 또 한 가득 새로운 요리 도구로 가득 찼다. 주스도 만들어내는 신형 와인 제조기, 빵 굽는 기능이 추가된 파스타와 토르티야를 만드는 압축기, 씨앗을 발아시키는 기능이 추가된 마흔두 가지 기능의 믹서 신제품이 자리를 떡 하니 차지했다.

단순화를 했다고? 지속적인 주의를 기울이지 않으면 어떤 일이 벌어지는지를 보여주는 아주 좋은 예다.

물건과 서비스에 집착하지 마라

대부분의 사람들이 많은 물건을 소유하고 또 전문 인력을 고용한 서비스를 이용하면 할수록 삶이 더욱 풍요롭고 간편해질 것이라고 믿는다. 하지만 단순화의 과정을 통해 내가 알아낸 바로는 오히려 그 반대다.

충동구매를 하지 않고 쇼핑 습관을 바꾸면 삶을 복잡하게 만드는 '물건'들로부터 우리를 지킬 수 있다. 이 책을 읽다보면 '서비스'에 대한 생각도 점차 바뀌면서 다른 사람들에게 의지하지 않고 스스로 삶을 해결할 수 있게 될 것이다.

예를 들어 삶을 단순화하기 시작했다면 그 첫 단계로 집안의 잡동사니를 모두 처분함으로써 집안이 한결 말끔해졌을 것이다. 따라서 더 이상 청소도우미를 부르지 않아도 된다. 식탁에 오르는 음식도 단순화하면 전문 요리사의 조언이 필요가 없다. 동선을 최소화하면 운전기사도 필요 없다. 자신에게 어울리는 옷차림을 알고 옷장을 최소화했기 때문에 패션 컨설턴트의 도움도 필요 없다. 재테크도 통합했으므로 전문가의 조언을 받지 않아도 된다. 물건 구매도 한정되어 있으므로 쇼핑 서비스도 필요 없다. 저녁이나 휴일에 외출하지 않으니 베이비시터도 필요 없다. 전화 시스템도 바꿨으니 자동응답기도 필요 없다. 잔디를 다른 식물로 대체하면 정원 관리사를 쓰지 않아도 된다. 집 안도 정리가 되었으므로 전문적인 정리도 필요 없다. 인간관계도 단순화했기 때문에 스트레스로 정신과 의사에게 상담을 받아야 할 필요도 없다. 건강과 운동에 관한 간단한 프로그램을 이용하기 때문에 개인 트레이너도 필요 없다.

서비스를 이용하려면 예약 시간을 정하고, 길을 알아보고, 일을 제대로 하도록 설명해야 하며, 수고비를 얼마를 줘야 할지 정하고, 그만두기라도 한다면 다시 다른 사람을 구해야 한다. 뿐만 아니라 내가 원하는 대로 서로 맞춰갈 때까지 제대로 일이 되지도 않는다. 나는 이런 일들의 절차가 너무 번거롭고 골치 아픈 나머지 이 '서비스'를 내 인생에서 삭제해버렸다.

물론 개인적인 취향에 따라 결정해야 할 문제이긴 하다. 하지만 그동안 필요하다고 생각했던 물건이나 서비스가 삶을 간편하게 해주기는커녕 오히려 부담스럽게 느껴진다면 하루빨리 결단을 내려야 한다. 우리의 목표는 개인적으로 필요한 부분이나 소유물에 대한 관리를 스스로 쉽게 할 수 있도록 삶을 단순화하는 것이다. 한때는 없으면 안 될 것처럼 여겼던 물건이나 서비스에서 벗어나 전에는 느끼지 못했던 새로운 개념의 자유를 만끽하라.

유흥비를 줄이고
여가 시간을 늘려라

필요에 의해서든 소비를 줄이기 위해서든 일단 단순화 프로그램을 시작했다면, 제일 먼저 줄여야 하는 게 유흥비다. 복잡한 일상에서 벗어나 느리게 살기로 결심했다면 분명 밖에서의 유흥을 줄이는 항목이 우선순위에 있을 것이다. 어느 경우든 간에 저녁 외출보다는 자신을 위한 시간과 가족과의 여가 시간을 늘리는 게 단순화를 향한 바람직한 시작이다.

극장이나 공연장, 콘서트장, 노래방, 나이트클럽 등에 가지 않으면 경제적인 보상이 확실하다. 사람들은 대부분 남는 시간에 무엇을 할지, 어디에 갈지 강요당한다. 이리저리 휩쓸려 다니면서 돈으로 할 수 있는 모든 것을 경험하기를 강요당하는 것이다. 그런 과정에서 정작 자신이 좋아하는 게 무엇인지를 잊어버린다.

최근 나는 전문직종의 고위 간부들 열 명 정도와 여가 시간에 대해 이야기를 나눈 적이 있다. 사람들은 여가 시간에 자신들이 진심으로 좋아하는 일을 하지 못하며, 충분히 여가 시간을 즐기지 못하고 있다는 데 동의했다. 우리는 정말로 하고 싶은 일이 무엇인지 목록을 만들었다. 목록의 내용은 대략 이랬다.

노을 감상하기, 일출 보기, 해변이나 공원 산책로 걷기, 친구들과 대화하기, 서점 어슬렁거리기, 좋은 책 읽기, 정원 돌보기, 낮잠 자기, 배우자와 조용한 시간 나누기, 아이들과 함께하기, 좋아하는 음악 듣기, 좋은 영화 보기, 애완동물과 놀아주기, 편한 의자에 조용히 앉아 아무것도 하지 않기 등이었다.

우리는 목록에 있는 대부분의 일들이 돈도 들지 않고, 그럴싸한 장비도 필요 없다는 사실에 깜짝 놀랐다. 원하면 누구나 할 수 있는 일이었다. 우리에게 기쁨을 주는 일들은 이처럼 단순하고 간단한 것들이었다.

나는 이 소규모 그룹의 결과가 전체를 대변한다고 주장할 생각은 없다. 그러나 나는 단순화 강의를 위해 전국을 돌아다니면서 다양한 사람들로부터 이와 똑같은 이야기를 반복해서 듣는다. 사람들은 이리저리 끌려 다니며 유행에 따라 여가 생활의 취미를 바꾸는 일에 이제 싫증이 나 있다. 삶에서 가장 중요한 것은 자유라는 사실을 깨달을 때가 온 것이다. 오히려 조금 덜하고 덜 갖는 게, 더 많은 고요함과 행복과 평화로운 마음을 가져다준다는 진리를 알게 된 것이다.

가족과 함께 앉아 정말로 하고 싶은 일이 무엇인지 목록을 적어보라. 복잡한 삶을 정리하면 진정 하고 싶은 일을 할 수 있는 시간을 충분히 만들 수 있다.

소비 습관을 수정하라

몇 년 전 남편과 나는 매일 산책할 때 들고 다닐 요량으로 휴대용 아령을 사기로 했다. 아령을 사기로 마음먹자마자 우리는 바로 스포츠용품점으로 달려가 50달러를 주고 '해비 핸즈'라는 한 세트의 아령을 구입했다.

사서 보름 동안 여섯 번이나 사용했을까? 이내 싫증이 나 구석에 치워두고 그 후로는 아령의 존재조차 잊어버렸다.

6개월 후에 친구가 당장 아령이 없으면 운동을 하지 못할 것처럼 스포츠용품점으로 달려가려고 하기에 나는 예전의 내 해비 핸즈가 생각나 그녀에게 주었다. 내 짐작이 맞는다면 친구도 한두 번이나 사용하고는 다시 그 아령을 손에 들지 않을 것이다. 그러고는 누군가 아령을 사려고 하는 사람에게 줘버릴 것이다.

아령은, 그동안 정말로 필요하지도 않은데 사서는 몇 번 사용한 후 거들떠보지도 않는 수십 가지 물건들 중 하나다. 당신에게도 나의 아령과 비슷한 물건들이 있지 않은가? 뭐에 홀린 듯 '당장 사지 않으면 안돼!'라는 강박관념에 사로잡혀 충동적으로 다소 비싸게 구매했을 것이다. 집이며 자동차 안, 일터 여기저기에 우리의 충동적인 소비 습관으로 인해 사들인 잡동사니들이 가득 차 있다.

어느 날 우리 부부는 우리가 정말 필요한 것보다 더 많은 물건을 산다는 사실을 깨닫고 소비 습관을 재검토하기로 했다. 우리는 마주 앉아 고쳐야 할 소비 습관들을 적었다.

첫째, 쇼핑은 일주일에 한 번만 하기. 식료품을 포함해 필요한 물건을 한꺼번에 구매한다.

둘째, 사기 전에 다시 한 번 생각하기. 우리는 많은 물건을 순간적인 만족을 위해 산다. 물건을 사기 전에 스스로에게 다음과 같은 질문을 해보자. '정말로 필요한가?' '몇 번이나 사용할까?' '벽장 속에 처박힐 물건이 하나 더 느는 건 아닐까?'

셋째, 꼭 필요하든 그렇지 않든 최소한 보름, 길게는 한 달 가량 지난 후에 구매하기. 한 달 정도 지나면 중요한 물건이든 아니든 간에 처음만큼 절실하게 필요하다는 생각이 안 든다는 사실을 깨달을 것이다.

넷째, 지금 당장 없으면 안 될 것 같은 물건이라도 일단 사지 말고 얼마나 오랫동안 버틸 수 있는지 실험해보기. 이 실험은 더 많은 잡동사니를 집 안으로 끌어들이지 못하게 도와준다.

다섯 째, 필요한 물건이 생겼을 때 무턱대고 사지 말고 창조적인 해결 방안을 찾아보기. 가령 아령을 사러 당장 달려가는 대신에 집안을 잘 뒤져보면 모래를 채워 넣어 사용할 수 있는 물병을 발견할 수 있다.

신용카드는 집에 두고 나가라

충동구매를 억제하기 힘든 유형이라면 쇼핑 상황을 어렵게 만들 필요가 있다. 쇼핑을 하러 갈 때 신용카드를 집에 두고 나가라.

많은 사람들에게 쇼핑은 일종의 습관이다. 그렇기 때문에 나쁜 습관을 고치려면 강력한 대체 행동이 있어야 한다. 쇼핑 대신에 할 만한 일들을 적어보라. 필요도 없는 물건을 사려고 지갑을 여는 대신 그 일들을 하는 것이다.

가령 쇼핑하고 싶은 마음이 들면 산책을 하거나 친구를 만나거나 도서관을 가거나 찬물로 샤워를 하라. 처음에는 새로운 물건을 사들이지 못한다는 생각에 상실감을 느낄 수도 있지만, 결국에는 쇼핑을 하지 않아도 전혀 문제될 게 없다는 아주 상쾌한 자유를 얻을 것이다.

2인 1조 방식의 버디 시스템Buddy System을 이용하면 도움이 된다. 절대적으로 사야 할 물건이 있다면 당신의 소비 습관을 잘 알며 그 습관을 바꾸고자 하는 당신의 노력을 이해하는 친구와 함께 쇼핑을 하라. 옆에서 감시하는 친구와 동행하면 꼭 필요한 물건만 사게 될 것이다. 유의할 점은 친구를 '잘!' 골라야 한다. 나는 한동안 친구와 쇼핑을 다

넘는데 우리는 서로 자신의 충동구매에 대한 죄책감을 덜기 위해 오히려 물건을 사라고 부추겼다.

광고를 곧이곧대로 믿어서는 안 된다. 광고 속 물건을 사면서 느끼는 스릴은 중독성이 있다. 하지만 이 짜릿함의 약발이 떨어지면 또 새로운 상품이 사고 싶어진다. 광고가 노리는 게 바로 그것이다. 광고에 휘둘리지 않으면 광고주로부터 당신의 돈을 지키기가 훨씬 수월하다.

은행 거래를 통합하라

단순화 프로그램을 시작하려고 삶의 여러 부분들을 살펴보다가 나는 내가 가진 통장과 잔고에 대해 명확하게 알고 있지 못하다는 사실을 깨달았다. 거래 은행도 많고 통장도 여러 개라 복잡해서 관리하기가 쉽지 않았던 탓이다. 수년 동안 늘려온 통장이 자그마치 다섯 개나 되었다. 은행에 근무하는 친구도 요즘엔 다들 통장 서너 개는 기본이라며 한 은행에 여러 계좌를 가지고 있거나, 은행마다 계좌를 트는 사람들도 있다고 했다. 여러 은행의 여러 통장을 가진 다른 사람들과 마찬가지로 나도 용도에 따라 통장이 따로 있는 게 편리할 것이라고 착각했다.

하지만 여러 은행을 거래하다보니 각 은행마다 보내오는 정기 명세서와, 홍보물, 신용카드 안내문 등의 잡다한 우편물이 엄청났다. 만일 당신도 여러 은행과의 거래와 여러 개의 통장이 부담스럽게 느껴진다면 한 곳으로 통합해서 하나의 통장으로 만드는 것은 어떨까? 은행업무가 대폭적으로 간편해질 것이다. 그래도 뭔가 목적에 따라 통장을 구분하고 싶다면 통장 정리법을 참고하라.

입출금 통장은 하나만 남겨라

나는 자유 입출금 통장을 한 개만 남겨두고 다 없앴다. 하지만 입출금 내용은 항목별로 따로 관리하는 게 좋겠다는 생각이 들었다. 그래서 내 나름의 항목을 정한 후에 가계부에 따로 기록했다.

가령 지출 명세를 생활비, 저축과 투자, 여행용으로 나누어 기록하고 관리하는 것이다.

우리 집은 생활비 항목의 지출이 가장 많기 때문에 '생활비'용으로는 아예 가계부 한 권을 따로 사용하고, 저축과 투자, 여행용은 한 데 묶어 따로 또 한 권의 가계부에 기록한다.

이렇게 모든 수익이 하나의 통장으로 들어오도록 해놓은 뒤 그 통장을 통해 자동이체나 생활비, 저축과 투자, 여행 경비 등의 비용이 빠져나가도록 하는 것이다. 그러면 입금과 출금을 한눈에 파악할 수 있어서 관리가 쉽다. 또 지출 항목별로 가계부에 기록하고 맞춰보는 일노 훨씬 수월하다.

또한 이런 방법은 그달 그달의 지출과 저축, 그리고 잔고의 상태를 확인할 수 있어서 불필요한 지출을 줄일 수도 있고, 좀더 현실적인 저축과 여행 계획을 세울 수도 있다.

　자유 입출금 통장을 한 개만 유지하면서 가계부에 따로 지출 항목을 분류해 기록하다보니 타 은행 통장과 여러 명세서들을 일일이 확인해야 하는 수고를 하지 않아도 된다. 물론 내가 분류한 항목 외에도 개인별로 필요하다고 생각하는 항목을 추가해도 된다. 주의할 점은 너무 많은 항목을 만들지 않아야 한다는 것이다. 우리의 목적이 단순화라는 점을 명심하도록.

0 6 4

투자를 한곳으로 집중하라

15년 동안 소액 투자자들에게 있어서 뮤추얼 펀드는 투자의 천국이었다. 내 친구는 어느 날 자고 일어나니 자신이 뮤추얼 펀드를 열두 개나 보유하고 있다는 것을 알았다고 한다. 물론 그녀도 펀드가 많다고 느끼긴 했지만, 다양한 투자를 한다고 해서 삶이 이렇게까지 복잡해지리라고는 미처 깨닫지 못했던 것이다.

펀드마다 발행되는 명세서와 정기적인 홍보 메일을 읽는 일도 골칫거리였고, 계좌를 하나하나 확인해야 하는 것도 스트레스였다. 하지만 이는 그녀의 회계사가 겪는 고통에 비하면 약과였다. 그녀의 회계사는 해마다 모든 계좌의 배당금과 이익금을 계산하는 데 악몽 같은 시간을 보냈다.

시작은 단순했다. 투자를 처음 시작할 때 이것저것 알아보다가 자신에게 적합한 펀드 두 개를 골라 계좌를 개설했다. 하지만 시간이 지나면서 다른 펀드들도 기웃거리기 시작하더니 점차적으로 계좌를 확장해 퇴직연금을 비롯한 다른 펀드들도 추가했다. 수익률이 좋다는 펀드에 대한 이야기를 들을 때마다 그냥 넘어가지 못하고 하나씩 하나씩 늘려간 것이다.

대부분의 투자 전문가들이 조언하기를 믿을 만한 모든 우량 펀드는 장기적으로 볼 때 별반 차이가 없다고 한다. 중요한 것은 펀드를 시작했으면 장기적으로 꾸준히 적립하는 것이다. 저수익−안전 중심의 안전형 펀드Income Fund나, 고수익−고위험의 성장형 펀드Growth Fund, 비과세 펀드 등 다양한 투자를 하고 싶다면 당신이 선택한 펀드 중에서 골라라.

내 친구는 점차적으로 투자를 통합해가기 시작했다. 그녀의 회계사가 고마워한 것은 물론이고 우편배달부도 감사해했다. 심지어 청소부 아저씨까지도 쓰레기가 줄었다고 반가워했다.

0 6 5

신용카드는 한두 개만
남기고 몽땅 잘라라

삶을 단순화하기로 결심했을 즈음, 우리 부부의 신용카드를 합쳐보니 모두 아홉 개였다. 신용카드가 아홉 개일 필요는 없었다. 게다가 모두 사용하는 것도 아니었으며 더욱이 우리가 원했던 것도 아니었다. 거기 산이 있으니까 오른다는 등산가처럼 카드가 있으니 만들었던 것이다. 원하면 얼마든지 만들 수 있는 게 신용카드다. 우편함에는 의도하지도 않았던 카드들이 들어앉아 있다. 언제 카드가 더 필요하게 될지 모른다는 논리는 카드 하나 정도 더 만드는 일을 쉽게 여기도록 해주었다.

사실 우리는 신용카드를 외식이나 여행할 때 주로 사용한다. 그런데도 카드를 소유하고 있다는 '명예'의 대가로 꼬박꼬박 연회비를 지불한다. 게다가 월말 결제일이 다가오면 명세서 내역이 맞는지 기억 속을 더듬어야 하는 번거로움까지 짊어지고 있었다.

나는 신용카드도 한 개만 남기고 모두 없애버리면 삶을 단순화하는 또 다른 계기가 되리라는 것을, 쓸데없이 날아드는 우편물을 줄이고 나서야 깨닫게 되었다. 신용카드를 없애면 매달 배달되는 정기 간행물과 더불어 끊임없이 보내오는 판촉용 광고까지 포함해 10여 통의 우편물이 줄어든다. 그리고 그 많은 신용카드를 가지고 다니지 않아도 되고 유효 기간이 지나면 연장해야 하는 번거로움도 피할 수 있다. 연회비를 절약하는 것은 당연하다.

우리 부부는 카드 별 장점을 비교한 후에 비자카드 하나만 남기고 모든 카드를 몽땅 없애버리기로 했다. 연회비를 내고 미납 결제금에 대한 이자를 9% 내는 조건과, 연회비 없이 이자율이 조금 더 높은 조건이 있었는데, 우리는 매달 밀리지 않고 결제를 하기 때문에 연회비가 없는 쪽을 골랐다. 이제는 신용카드 연회비는 전혀 내지 않고, 사용하는 카드도 한 장이기 때문에 명세서 내역을 추적하기도 아주 수월하다.

카드 수를 줄인지 얼마 되지 않아 곧 우리는 한두 개의 신용카드만 사용한다는 게 얼마나 편리한지 체감하게 되었다. 그 이상의 카드는 도움이 되기보다는 오히려 단점이 더 많다.

인생을 단순하게 사는 100가지 방법

수입의 절반만 쓰고
나머지는 저축하라

통계에 따르면 미국인들 가운데 현재와 미래를 위한 재정적인 안정 상태를 구축하는 사람들은 10%도 채 되지 않는다고 한다. 25년 후면 은퇴를 해야 하는 대다수의 사람들은 사회보장연금으로 살아야 한다. 게다가 사회보장연금이 은퇴 후 노후를 충분히 보장해주거나 주요 수입원이 되어줄 것이라고 기대하는 사람은 많지 않다.

미국뿐만 아니라 많은 나라들이 점점 저축보다는 소비 국가가 되어가고 있다. 생필품 가격이 올라가고 달러의 가치가 떨어지다보니 많은 사람들이 자신이 버는 것보다 더 많이 쓰고 있는 게 사실이다. 하지만 그보다는 필요하지 않은 물건을 사들이느라 과소비를 하는 경우가 대부분이다.

만일 소비를 통제하지 못해서 수입의 일정액을 매달 저축하지 못하고 있는 실정이라면, 내가 돈을 어떻게 사용하는지 꼼꼼하게 점검할 필요가 있다. 지금 당장 과감하게 소비를 줄이지 못하겠다면, 일단은 다음해까지 10~15% 정도 줄이겠다고 결심하라. 그 다음해에도 10~15%를 줄이면서 단계적으로 지속해나가면 자연스럽게 소비의

50%까지 줄일 수 있다.

사실 이 책의 내용 중 절반만 따라한다고 해도 소비는 줄어들 것이다. 단순하게 산다는 것은 곤궁하게 살아간다는 말이 아니다. 오히려 반대로 삶에서 정말로 중요한 것을 찾는 기회고, 절제된 생활을 통해 만족과 안정감을 얻으며, 자신의 삶을 통제하는 것이다.

미래에 대한 위기감을 느낀다면 매달 수입의 일정 부분을 저축하라. 삶을 주도할 뿐 아니라 단순화를 향해 한 발 더 다가갈 수 있다.

융자를 갚아라

실거주를 목적으로 꿈에 그리던 집을 장만했다고 하자. 앞으로 계속해서 살 예정이며 매달 갚아야 하는 융자 상환액도 수입 대비 적당하다면 융자 기간을 최대한 단축하라. 가능하다면 완전히 상환해버리는 게 더 좋다.

그동안 우리는 집을 살 때 감면받는 세금 혜택을 생각하면 융자를 받아 집을 구매하는 게 득이 된다고 여겼다. 그러나 자신의 상황에 따라 잘 따져봐야 한다. 실제로 회계사를 통하거나 스스로 계산해보면 내가 받는 세금 혜택이 얼마 되지 않는다는 걸 알게 될 것이다. 게다가 많은 사람들이 이제는 세금 감면보다 융자 없이 마련한 내 집이 주는 기쁨이 훨씬 안정적이라고 깨닫기 시작했다.

다음과 같은 방법으로 융자를 상환하고 그 기쁨을 같이 누려보는 것은 어떨까?

첫째, 목돈으로 갚기. 월급 외에 성과급이나 목돈이 생기면 먼저 융자를 갚아라. 다만 뭉칫돈을 넣기 전에 매달 지불하는 융자 상환액이 얼마나 줄어드는지부터 먼저 확인하라.

둘째, 여분으로 원금 상환하기. 매달 융자 상환을 할 때마다 다음 달의 원금을 미리 지불하면 융자 기간을 대폭적으로 줄이고 수천 달러를 절약 할 수 있다. 상환 스케줄을 받아놓아라. 변동 상환액을 지급하고 있었다면 다음 달의 원금 상환액을 미리 계산한 스케줄을 무료로 제공할 것이다.

셋째, 원금 상환액이 매달 늘어나는 조건이라면 능력을 벗어나는 한계점에 도달하는 시점이 올 수 있다. 그럴 때는 매달 상환해야 하는 원금이 얼마든 지불할 수 있는 만큼만 갚아나가면 된다. 그래도 꽤 많은 이자를 절약할 수 있으며 다른 방법보다 더 빨리 융자를 갚을 수 있다.

넷째, 융자가 있는 집을 팔고 싸고 작은 집으로 옮기는 것은 어떨까? 융자를 제외한 금액에 따라, 또는 현재 살고 있는 집과 이사할 집의 부동산 시세에 따라 새 집을 융자 없이 사거나 아니면 융자를 최소한으로 줄여서 살 수 있다. 회계사와 상의해서 방법을 찾아보라.

이와 같은 융자 상환 방법은 신용카드나 할부금과 같은 다른 부채가 없거나 비상용이나 투자용으로 충분한 저축이 있을 경우 가능하다. 융자를 빨리 갚는다고 당장 삶이 단순해지지는 않지만 달마다 돌아오는 융자 상환의 심리적인 압박에서 자유로워질 수 있다.

빚에서 탈출하라

우리 전 세대는 경제 대공황을 겪었다. 우리 부모님도 그 어려운 시대를 살아온 분들로 경제적인 부분에 있어서 나름대로의 원칙을 세워 준수해왔다.

그 원칙은 현금이 없으면 물건을 사지 않는다는 것이다.

정말로 부모님은 집을 사면서 빌린 대출금을 제외하고는 절대로 빚을 지지 않았다. 제2차 세계대전 전후에 생긴 '먼저 사고 나중에 갚으면 된다'는 식의 사고방식에 결코 휩쓸리지 않으셨다. 새로운 가구나 가전제품이 필요할 때면 푼돈을 모아둔 '비상용 통장'에서 꺼내 사용하고, 그나마도 바닥이 나면 매달 조금씩 아껴서 돈이 모일 때까지 기다렸다가 목돈을 마련한 후에 샀다.

우리 부모님 세대는 그런 사람들이 대부분이었다. 많은 현대인들이 빚으로 인한 감정적, 정신적 스트레스를 겪는 점을 고려할 때 이런 삶의 방식은 오늘날에 더욱 필요할 듯하다.

신용카드와 할부 빚 때문에 골치를 앓고 있다면 이렇게 해보라.

첫째, 자신의 힘으로 빚에서 탈출하기 위해 조치를 취하라.

조용히 앉아서 빚이 얼마나 되는지 정확하게 계산한다. 그런 뒤 세부적인 계획을 세우면 비록 몇 년이 걸리더라도 계획적으로 빚을 갚아나갈 수 있다. 또한 앞으로는 더 이상 빚을 지지 않겠다고 자신과 약속하라. 누구도 할 수 있는 간단한 일이지만 빚으로 인한 스트레스에서 탈출하기 위해서는 원칙과 결심, 완벽한 실천력이 절실하게 필요하다.

둘째, 혼자서 해결하기엔 너무 벅차서 스스로 빠져나오기 힘들면 도움을 요청하라.

제롤드 문디스Jerrold Mundis는 『빚을 청산하는 방법How to Get out of Debt, Stay out of Debt & Love Prosperously』이라는 저서를 통해 빚에서 빠져나오는 검증된 방법을 제시했다. 제롤드는 기본적인 원리를 바탕으로 몇 년 동안 수천 명의 사람들을 빚에서 성공적으로 탈출하도록 도와주었다. 물론 여기서도 변함없이 원칙과 결심, 완벽한 실천력이 필요하지만, 검증된 단계별 프로그램을 따라하면 좀더 수월하게 목표를 달성할 수 있다.

빚에서 빠져나오는 게 쉽다고 말은 하지 못하겠지만, 일단 빚에서 해방되면 삶이 전보다 단순해지는 것은 분명하다.

아이들에게 경제적 책임감을 가르쳐라

최근 이혼으로 인해 경제적 여유가 없어진 친구가 있다. 친구는 이혼 후 생활의 안정을 찾기 위해 고성능의 멋진 외제차를 팔고 좀더 검소한 차를 사기로 마음먹고 열 살짜리 아들을 데리고 자동차 매장을 찾았다. 하지만 아들의 성화에 못 이겨 결국 가죽 시트와 1500달러 추가 비용이 드는 금장 장식의 가장 비싼 모델을 사고 말았다. 아들에게 자신이 이제는 그런 차를 살 능력이 안 된다는 말을 차마 하지 못하고 결국 형편에 맞지 않는 소비를 하고 만 것이다.

대부분의 부모는 자신의 아이들에게 모든 것을 해주고 싶어 한다. 그렇지만 살다보면 분명 아이들에게 안 된다고 말을 해야 하는 순간이 있다. 그럴 때 체면 때문에 '이미지 관리'를 한다면서 집안의 경제 상황을 고려하지 않고 무분별한 과소비를 한다면 과연 아이들이 무엇을 배울까?

원해서든 필요에 의해서든, 아니면 둘 다이든 간에 소비 습관을 바꾸고자 한다면 아이들에게도 구매 습관을 새롭게 가르쳐야 한다. 아이들은 충분히 적응력이 있으므로 한계를 잘 설명하면 현실을 받아들인다.

부모는 아이들에게 그 한계가 어딘지 정확하게 짚어주어야 할 의무가 있다.

용돈이나 아르바이트로 버는 돈의 절반을 저축하도록 가르쳐라. 아이도 어른처럼 눈에 보이는 것이나 친구가 가지고 있는 모든 것을 가질 수 없다는 것을 배워야 한다. 하나를 선택하면 하나를 포기해야 한다는 현실을 깨달아야 하므로, 자동차의 내부를 금장으로 선택했다면 새 자전거는 포기하도록 해야 한다. 예산의 한계를 알게 되면 무리하게 조르지 않을 것이다.

어른처럼 아이도 광고는 실제로 필요한 것보다 충동적인 감정에 호소한다는 사실을 알아갈 것이다. 돈이 없으면 물건을 살 수 없다는 것을 배우게 되고, 신용카드에 의지했다가는 경제적으로 심각한 어려움에 처하게 된다는 것을 알게 된다.

아이들에게 돈 관리 방법을 가르치는 것은 부모가 줄 수 있는 가장 큰 선물 중 하나다. 궁극적으로 아이들의 삶을 단순하게 해줄 뿐만 아니라 우리의 삶까지도 단순하게 해준다.

3부

· · ·

작은 행복에
감사하라

· ·

고요한 시간을 즐겨라

여기서 내가 말하는 의식이란 규칙적으로 할 수 있는 특별한 일로, 항상 기다려지고 생각만 해도 가슴 뛰고 행복해지는 일을 말한다.

친구 중 한 명은 자신만의 특별한 의식으로 하루를 시작한다. 해가 뜨기 몇 분 전에 일어나 자신이 가장 좋아하는 방식으로 우유와 꿀을 넣은 따끈한 차 한 잔을 정성스럽게 만든다. 그러고는 여름이든 겨울이든, 비가 오든 눈이 오든 침실에서 덮던 이불을 가지고 나와 그 안락함을 그대로 베란다로 옮겨간다. 포근한 이불을 뒤집어쓴 채 갓 만든 차를 마시며 해가 뜨는 모습을 보면서 아침이 열리는 청명한 소리에 귀를 기울인다. 그 어떤 것도 그녀의 이 고요하고 신성한 시간을 방해하지 못한다. 새벽이 주는 이 고즈넉함의 여유는 그날 하루가 아무리 정신없이 흘러가더라도 그녀의 마음속에 남아 하루를 지탱할 힘을 불어 넣는다.

현대인들은 할 일이 너무 많고 눈코 뜰 새 없이 바빠서 하루 중 잠시도 개인적인 시간을 갖기가 쉽지 않다. 당신도 그렇다면 매일을 특별하게 만들어줄 의미 있는 의식을 혼자 혹은 가족과 함께 만들어라. 그리고 당장 시작하라.

정말로 하고 싶은 일을 하라

원치 않는 직장에서 하기 싫은 일을 하며 보내는 것보다 인생을 더 우울하게 만드는 일도 없을 것이다. 하지만 불행하게도 자신이 좋아하는 일이 무엇인지 명확하게 파악하고, 그 일을 하며 산다는 것은 생각만큼 쉽지 않다. 일간지를 끊을 때는 전화 한 통으로 가능하지만, 인생을 설계하고 정말로 원하는 일을 찾는 데는 몇 달이 걸린다.

하고 싶은 일이 무엇인지 알고 있다면 그나마 간단하다. 마음을 가다듬고 시작하면 된다. 물론 새로운 일에 대한 조사도 해야 하고, 사람들도 만나야 하며, 이력서도 업데이트해야 한다. 때로는 학교에 다시 들어가야 할지도 모르고, 다른 지방이나 해외로 나가야 하는 경우도 생길지 모른다. 어쩌면 이 모든 것을 다해야 할지도 모른다.

하지만 원하는 일이 무엇인지 모른다면 여기에 자신이 하고 싶은 일을 알아내야 하는 부담감까지 더해진다. 이것저것 알아보고, 자신과 맞는 일인지 시도해보고, 상담도 받아보고, 경험도 쌓아야 한다. 그런 뒤 열거한 것처럼 방법을 고민해야 한다. 그 과정이 쉽지 않고 수년이 걸리더라도 자신이 원하는 일을 할 수 있다면 충분히 그럴 만한 가치가 있다.

자신을 알고 싶다면 일기를 써라

일기를 쓰는 것은 자신이 진정으로 원하는 삶이 무엇인지를 지속적으로 돌아보게 하는 또 하나의 효과적인 방법이다. 형식은 원하는 대로 자유롭게 정해서 쓰면 된다. 세상과 주변의 일들에 대한 자신의 생각이나 아이디어를 적어나가는 방식이 있고, 영적인 성장을 위해 매일 자신 안에서 일어나는 사고와 느낌을 기록하는 고전적인 방식도 있다. 일기는 매일 써도 좋고 기분이 내킬 때나 필요할 때 써도 상관없다. 꿈이나 아이디어, 다이어트, 독창적인 생각, 분노, 건강처럼 특정한 주제에 대한 일기를 쓸 수도 있다. 다른 누군가와 나누고 싶은 감정을 적을 수도 있고, 아니면 혼자만의 사적인 비밀을 적을 수도 있다.

평생교육원이나 문화센터 등에서도 일기 쓰기 프로그램을 운영한다. 이런 강의를 들으면 다른 수강생들과 교류도 하고 일기에 대한 새롭고 다양한 접근법을 나누는 기회도 된다.

아니면 그냥 연필과 노트를 집어 들고 무작정 써라. 나에게 정말 중요한 게 무엇인지 알 수 있도록 써내려가다 보면 자신만의 일기 쓰기 방식을 개발하게 될 것이다.

한 시간 일찍 일어나라

하루 중 가장 좋은 시간은 일어나기 바로 직전이다. 대부분의 사람들에게는 일어나는 시간이 정해져 있다. 일어나서 씻고, 외출 준비를 하고, 간단히 아침을 먹고, 신문의 헤드라인이나 아침 뉴스를 잠깐 살피고는 아이들을 등교시킨 후 8시 30분에서 9시 사이에 회사에 도착한다.

만일 그 바쁜 아침에 한 시간의 여유가 생긴다면 얼마나 근사할지 상상해보라. 하고 싶은 일을 하는 것이다. 산책을 하거나 자신만의 아침 의식을 치르거나 가족과 우아하게 아침 식사를 즐길 수도 있다.

하루에 한 시간씩 여유가 생기면, 더군다나 그 시간에 일이 아닌 다른 것을 할 수 있다면 효과적으로 스트레스를 줄일 수 있으며 체감하는 하루의 길이도 남들보다 길게 느껴진다. 오전에 여유를 부릴 수 있는 한 시간이 생긴다는 것은 하루의 끝에 한 시간 더 깨어 있는 것보다 훨씬 더 생산적이다.

동이 트기 전에 고요한 시간을 즐길 기회를 가져보지 못했다면 내일 당장 시작해보기 바란다. 이 시간이 당신의 삶을 얼마나 풍요롭고 고요하고 단순하게 해주는지 깜짝 놀랄 것이다.

074
일주일에 하루는 9시에 잠들어라

이 아이디어는 몇 년 전 한 친구로부터 나왔다. 나는 이 이야기를 듣고 완전히 매료되어서 당장 우리의 단순화 프로그램에 추가했다. 우리 부부는 9시에 잠드는 날을 금요일로 정했다. 금요일은 바쁜 일주일의 끝이기도 했지만 편안한 주말을 보내기 위한 출발로도 딱 알맞은 날이었다. 우리는 일주일 내내 일찍 잠자리에 들 수 있는 평화로운 금요일을 손꼽아 기다렸다.

더 이상 친구들과 술 마시러 나가는 일을 그만두었다면 금요일 밤에 집에 있을 테니, 이때야말로 일찍 잠들기 좋은 날이다. 일요일도 마찬가지로 9시 이전에 잠들기 좋은 날이다. 보통 일요일 밤은 한가하며, 충분히 수면을 취하면 활기찬 한 주를 맞이할 수도 있다.

어떤 요일이든지 하루 날을 잡아 잠에 투자하면 그만큼 보상이 뒤따른다. 늦게까지 깨어 있을 때와는 달리 정신적, 육체적으로 충분히 재충전이 되기 때문에 일할 때나 오후에 활동할 때 오히려 능률적이다.

나는 원래 잠을 좋아하는 편인데 왜 스스로 이렇게 해볼 생각을 못했을까 하고 후회했다. 결국 나는 일에 있어서 지나치게 엄격한 윤리

의식을 지닌 사람이었던 것이다. 그러다보니 몸이 아플 때조차도 일찍 잠자리에 드는 건 자기 관리를 못하는 것으로 여겼다. 현대의 많은 전문직 종사자들이 아마도 나와 같은 반응일 것이다.

그러나 삶을 단순화하기 시작하면 놀라운 일이 생긴다. 가치 있다고 여기긴 했으나 종종 한계를 느꼈던 한때의 믿음들, 가령 게으름은 악마가 조종하는 것이라든지, 오늘 할 일을 내일로 미루지 말라든지, 일찍 일어나는 새가 먹이를 차지한다와 같은 이야기들이 별로 와 닿지 않는다. 한가롭게 아무것도 하지 않는 시간을 즐기게 되고, 심지어는 그저 편하게 휴식을 취하려 잠자리에 일찍 들어도 조급한 마음이 들지 않으며, 모든 일들이 자연스럽게 받아들여진다.

한 달에 하루만이라도
혼자만의 시간을 가져라

혼자서 이미 충분한 시간을 보내고 있거나 복잡한 일상에서 한 발 떨어져 있다면 필요한 만큼의 고독을 즐기고 있는 것이다. 그러나 매일 가족, 친구, 동료와 부대끼면서 여기저기서 밀려드는 부탁과 요구, 압력, 마감, 스케줄 등 끊임없는 관계의 퍼레이드 속에 묻혀 지낸다면 한 달에 적어도 하루는 일상에서 벗어나 혼자만의 시간을 즐기는 게 좋다.

가까운 산에 다녀와도 좋고 공원 벤치에 가만히 앉아 있어도 좋다. 미술관이나 전시회에 가거나 동네 도서관에서 아무 책이나 골라 읽으며 하루 종일 혼자 보내는 것이다. 혼자만의 시간은 우리를 짓누르는 의무 속에서 잠깐 빠져나와 현실을 돌아볼 수 있는 기회를 제공하고 일상의 긴장감을 완화시켜준다. 외부의 중압감으로부터 영혼을 자유롭게 하는 것이야말로 삶을 단순화하는 가장 중요한 일이다.

그동안 혼자만의 시간을 가질 수 없었다면 먼저 동료나 가족에게 자신의 생각과 계획을 미리 이야기하는 게 좋다. 그들 때문이 아니라 나를 위해서 혼자만의 시간이 필요하다는 것을 설명하면 그들도 소외감이나 거부당하는 느낌이 들지 않을 것이다.

혼자 있는 시간을 즐기는
아이로 키워라

아이들을 키우는 부모라면 모두 알겠지만, 요즘 아이들은 엄청난 스트레스를 받으며 산다. 자극적이고 귀를 현혹시키는 바보상자인 TV와 폭력적인 영화, 음악, 랩, 커피전문점, 컴퓨터 게임, 비디오방을 비롯해 알코올, 다양한 약물, 섹스, 에이즈, 불량배, 총기류, 폭력 등에 노출되어 있다. 오늘날 청소년들은 어떻게 마음의 평안을 찾고 자신의 내면을 들여다볼까? 어떻게 진정으로 자신에게 중요한 게 무엇인지 알까?

아이들이 어렸을 때부터 자신만의 고요한 시간을 즐기는 방법을 배우게 하는 것도 하나의 방법이다. 내가 혼자 있는 시간의 소중함을 즐기듯이, 아이들에게 똑같이 가르쳐라. 신경을 곤두서게 만드는 도시 생활에서 벗어나 등산을 하거나 캠핑에 데려가라. 함께 아름다운 석양을 바라보는 시간을 만들어라.

아니면 집에서 조용한 오후를 보내는 시간을 갖게 하라. 일주일에 한 번 시간을 정해 전자기기에 파묻혀 지내며 끊임없이 친구들의 영향을 받는 아이들에게 혼자만의 시간을 갖도록 가르쳐라. TV가 아닌 좋은 책을 읽거나 생각에 잠길 수 있는 명상을 가르치면 좋다. 그러면 자신을 되돌아보고 자신 안에서 해답을 찾으려는 습관을 갖게 된다.

아이들이 고요한 시간의 즐거움을 알게 되면 이는 일생 동안 사용할 수 있는 더 없이 좋은 선물이 될 것이다. 게다가 혼자만의 시간이 안겨 주는 즐거움을 알게 된 아이들이 가끔씩 혼자 있고 싶은 나의 마음을 이해하게 된다면 삶이 얼마나 단순해지겠는가?

일 년에 한 번
혼자만의 여행을 떠나라

일상에서 혼자만의 시간을 확보하기 힘들다면, 일 년에 한 번 익숙한 환경에서 벗어나 혼자만의 여행을 떠나보는 것은 어떨까? 매일 부딪히는 물질적 혼잡함이나 정신적, 감정적, 사회적 혼잡함에서 사나흘 정도 벗어난다면 지친 영혼을 잠시 쉬게 할 수 있다.

혼자만의 여행이라고 하면 거창하게 생각하기 쉽지만 생각보다 그리 어렵지 않다. 종교적인 목적으로 운영되는 곳을 찾아갈 필요는 없다. 온천이나 콘도, 지방의 작은 호텔 등을 이용하면 매우 효과적이다. 삶을 돌아보는 시간을 갖기 위해 혼자 조용히 떠나는 여행은 비용도 절약된다. 최근에 나의 재충전을 위한 여행은 캠핑이었다. 혼자 산에 올라가 고요히 내 영혼과 마주하며 어머니 품 같은 자연 속에서 편안하게 보낼 수 있었던 멋진 시간이었다. 아름답고 평화롭고 고요한 자연에 둘러싸여서 보내는 며칠이 얼마나 시야를 넓혀주고 마음을 정화시켜주는지 직접 경험하면 깜짝 놀랄 것이다.

주위를 잘 둘러보면 화려하지 않고 소박하면서도 편리하고 가격도 저렴한 편의시설이 의외로 많다. 과거에 수도원이나 기도원이었던 곳이 비종교적인 숙박시설로 바뀐 곳도 있다. 영적인 성장을 도와주는 명상센터도 쉽게 찾을 수 있으니 책이나 인터넷 검색을 이용해 지금 당장 정보를 찾아보라.

집에서 보내는 휴가를 즐겨라

남편과 나의 최고 휴가지는 다름 아닌 집이었다. 세계 곳곳을 돌아다닐 때보다 훨씬 재미있었고, 그 어느 곳에서보다 최고의 휴식을 누릴 수 있었다. 단순화 프로그램을 이제 막 시작했다면, 집에서 보내는 휴가야말로 그 시작으로 완벽하다.

삶의 모든 잡동사니를 없애는 일로 휴가의 첫날을 시작할 수 있다. 이 단계에서 세우는 계획은 단순히 재미만 있는 게 아니라, 가족들 모두가 책임감을 느끼고 빠짐없이 참가하게 할 수 있는 좋은 기회다.

집에서 보내는 휴가 기간은 그동안 너무 하고 싶었지만 시간이 없어서 미뤄왔던 일들을 하기에 안성맞춤이다. 새로운 취미를 시작하거나, 스피드 클리닝을 위해 집을 정리하거나, 베란다 텃밭을 가꾸기에 딱 좋다.

우리 부부는 집에서 휴가를 보내면서 우리가 사는 마을을 답사했다. 정작 우리보다 관광객들이 우리 마을에 대한 정보를 더 많이 가지고 있다고 느꼈기 때문이다.

첫날은 주변의 미술관과 갤러리를 찾았다. 다음날은 시내를 중심으로 모든 골목을 돌았다. 그동안 알지 못했던 새로운 상점이며 변화한

상가들이 보였다. 그 다음날은 주택가를 걸으며 새로 지은 건물들과 오래된 집들을 모두 구경하고 주변의 동식물을 처음으로 자세히 살펴봤다. 해변과 공원으로 소풍도 갔다. 이 모든 일들은 우리가 살고 있는 집과 동네에 대한 새로운 자부심을 갖게 하고 친밀감을 높여주었다.

또한 읽고 싶은 책을 읽기 위해 집에서의 휴가를 계획해도 좋다. 독서를 하다 지치면 평소 보고 싶었던 영화를 빌려다 볼 수도 있다. 집에서의 휴가는 간단한 식습관 프로그램을 계획하기에도 딱 좋은 기회고, 운동을 시작하거나 아이들과 약속했던 모형 선박 만들기 놀이를 해도 좋다. 아니면 그냥 정말로 아무것도 하지 않는 법을 배우며 집에서 완전한 휴식을 취해도 좋다.

동료나 친구, 특히 가족에게는 휴가를 '떠난다고' 말해두는 편이 이 모든 일을 하기에 이로울 것이다. 그렇지 않으면 자칫 당신의 휴가가 다른 사람들로 인해 전혀 다른 방향으로 흘러가게 될지도 모르니까.

079

누구도 아닌 자신의 모습으로 살라

당신은 내가 아닌 누군가처럼 보이기 위해서 얼마나 많은 에너지를 소모하고 있는가? 이런 일이 내 인생을 얼마나 복잡하고 거추장스럽게 만드는지 생각해본 적이 있는가? 누구나 타인의 삶을 동경하고 부러워하고 흉내 내며 살아간다.

조용히 앉아 내 인생에서 가장 중요한 사람이 누군지 생각해보라. 그건 다름 아닌 나다. 내가 감동시켜야 할 유일한 사람이 바로 나라면, 우리의 삶이 얼마나 달라지겠는가. 지금 하는 일을 여전히 할까? 지금 살고 있는 집에 여전히 살까? 지금 타던 차를 여전히 탈까? 여가 시간에는 뭘 할까? 지금의 배우자와 결혼했을까? 친구들은 그대로일까?

우리는 내키지 않아도 누군가 원한다는 이유로 많은 일들을 벌인다. 가족을 위해서, 친구의 부탁으로, 아이들 때문에 같은 말은 모두 핑계일지 모른다. 나 자신에게 솔직하지 못했던 것이다. 나의 라이프스타일에 다른 사람이 들어와 있지는 않은가? 다른 사람의 그림자에서 벗어난다면 삶이 얼마나 단순해질까? 그때는 오롯이 나 자신이 되는 법을 배울 수 있을 것이다.

이루기 힘든 일은 과감하게 포기하라

단순하게 살다보면 큰 교훈 하나를 깨닫는다. 해도 안 될 때는 그만두는 편이 나을 수도 있다는 것!

우리는 어떤 일이든 묵묵히 노력만 하면 결국 성공하게 된다는 잘못된 믿음 속에서 자랐다. 하지만 만족할 만한 멋진 결과를 만들어낼 수 있는 어려운 일과, 아무리 애써도 이룰 수 없는 어려운 일은 엄연히 다르다.

동그란 구멍에 네모난 나무토막을 끼워넣을 수는 없다. 지금 붙잡고 있는 일, 어쩌면 오랫동안 시간을 투자한 일이 그런 일이라는 사실을 인정하고 포기하기 위해서는 용기가 필요하다. 나의 지난 삶을 돌이켜보면 잘 풀리지 않던 일은 대부분 어처구니없을 정도로 어렵거나 누가 봐도 쉽지 않은 일이었다. 시행착오 끝에 나는 뜻대로 되지 않는 일은 잠시 내려놓고 거기에 쏟아 부을 에너지를 다른 곳에 쓰는 편이 훨씬 낫다는 사실을 알게 되었다. 불가능한 일, 이루기 힘든 일은 과감하게 접고 성공 가능성이 보이는 일에 집중 투자하라. 삶이 무척 단순해질 것이다.

사람을 변화시키려고 하지 마라

몇 년 전 아픈 경험을 한 한 친구가 있다. 그녀는 아직도 그 일을 완전히 극복하지 못해 힘겨워한다. 나는 그 친구를 도와주기 위해 나름 최선을 다했다. 그 과정에서 같이 넘어지고 쓰러지기도 했지만 그래도 포기하지 않고 친구의 삶을 멋지게 바꾸기 위해 고민하고 노력했다. 하지만 실제로 너무나 간단한 해결 방법이 있었다. 적어도 내가 보기에는 그랬다.

그녀는 변하고 싶다고 늘 이야기했지만 실제로 자신의 상황을 개선하려는 의지나 행동을 보이지 않았다. 오랜 시간이 지난 후에야 나는 사람은 누구나 자신의 생각대로 행동한다는 사실을 깨닫고 그 모든 노력을 그만두었다. 나는 어쩌면 그녀의 삶에 방해가 되었는지도 모른다. 도움과 방해는 종이 한 장 차이였다.

결론적으로 누구도 타인을 바꿀 수 없다. 스스로 바뀔 준비가 되어야 바뀌는 것이다. 누구나 곤경에서 빠져나오기를 원하지만 그들 대부분이 원하는 것은 자신의 이야기를 호의적으로 인내심 있게 들어줄 사람이다. 자식이나 배우자도 마찬가지다.

나는 이제 사람들이 고민을 상담해오면 주로 들어준다. 이것만으로도 내 삶은 크게 단순해졌다. 누군가를 바꾸기 위해 소비하던 에너지를 더 즐겁고 건설적인 일에 사용할 수 있게 되었다.

좋아하는 취미를 직업화하라

삶을 단순화하면서 누리게 된 혜택 중 하나는 내 취미생활인 독서를 마음껏 할 수 있다는 것이다. 그러나 그 반대의 경우도 작용한다. 다시 말해서 좋아하는 취미생활을 하면서 보내는 시간이 삶을 단순화시켜 주기도 한다는 뜻이다.

몇 년 전 변호사인 친구 산드라는 이탈리아에 사는 여동생 집에서 여름휴가를 보냈다. 산드라의 여동생이 사는 동네는 관광이나 쇼핑과는 동떨어진 한적한 시골 마을이었다. 어느 날 동생은 근처에 조각품을 만드는 작업실이 있다며 가보자고 제안했다. 산드라는 조각에 대해서 전혀 몰랐고 평소 흥미도 없었지만 조용한 시골에서 특별히 할 일도 없고 해서 일단 따라가기로 했다. 그때까지만 해도 조각이 자신의 삶을 완전히 바꿔놓을 거라고는 상상도 하지 못했다.

산드라는 그 후 휴가 기간 동안 매일 그곳에 찾아가 조각에 대한 것들을 배우기 시작했다. 그리고는 휴가를 마치고 미국으로 돌아오자마자 바로 조각 강의에 등록했다. 주중에는 변호사업무에 충실했지만 주말을 비롯한 모든 여가 시간에는 돌에 매달려 보냈다. 처음에는 필요한 조각 장비들을 하나둘씩 갖춰나가더니 결국에는 집에다 작업실까지 만들었고, 얼마 지나지 않아 지역 전시회에 출품해 작품을 팔기에 이르렀다. 최근 그녀는 변호사를 그만두고 전업 조각가가 되었다. 이제는 전국의 미술 갤러리에 정기적으로 작품을 전시한다.

산드라는 자신의 삶이 이전에는 이렇게 단순하지만 풍요롭지는 않았다고 고백한다. 조각을 하기 전의 삶은 수많은 전화와 약속, 조서, 소송, 법정 출두 등 법조인이 해야 하는 끊임없는 업무의 연속이었다. 지금은 해가 뜨면 편한 청바지를 꿰입고 자신의 작업실로 간다. 비즈니스에 관련한 잡다한 실무들은 갤러리 매니저가 처리한다. 자신이 좋아하는 일을 함으로써 삶이 단순해진 것은 자명한 일이다.

또 다른 친구 한 명은 물리치료사인데 취미로 헬리콥터 조정을 하다가 이를 자신의 직업과 연결했다. 그는 도심과 떨어진 휴양지에서 새로운 사업을 시작했다. 휴양지는 등산객을 비롯해 레저 활동을 하는 사람들이 많이 모이기 때문에 부상자도 많다. 그는 헬리콥터를 이용해 부상자들을 의료 시설이 있는 병원으로 이동시킨다. 그는 삶을 단순화해서 자신이 하고 싶은 일을 모두 할 수 있게 되었는데, 그렇다고 예전보다 더 바빠지거나 삶이 복잡해지지는 않았다. 자신이 좋아하는 일을 조합해 차별화를 만들어낸 것이다.

하고 있는 일이 맘에 들지 않는다면 취미로 할 수 있는 일을 찾아라. 방법은 거기에 있다.

운동기구에 의지하지 말고
산책을 하라

영화 〈앨리스〉를 보면 패셔너블한 전문직의 주인공 앨리스가 자신의 건강을 위해 투자하는 인상적인 장면이 나온다. 그녀는 척추 마사지가 끝나는 시간에 맞춰 개인 트레이너가 나타나지 않자 연이은 스케줄을 모두 조금씩 늦춘다. 개인 트레이닝 후에 받기로 했던 지압을 늦춰서 받은 다음 안마와 시아추 마사지를 받기 위해 장소를 옮긴다. 그 전 자투리 시간에는 스웨덴식 등 마사지를 받는다.

물론 영화에서는 다소 과장되긴 하지만 현대의 많은 사람들이 건강을 위해서라면 가혹하리만큼 스스로를 혹사시킨다. 끊임없이 이어지는 이런 운동이 과연 몸에 이로울까? 글쎄, 지속적으로 해나간다면 효과가 있을지 모르겠으나, 좋은 의도가 항상 좋은 결과로 이어지지는 않는다.

사람들이 러닝머신을 새로 사서 사용하는 횟수는 평균 7.2회다. 그이후에는 거실 구석에 처박혀 빨래 건조대의 역할만 하다가 바라볼 때마다 죄책감을 유발하게 만드는 흉물이 되어 중고로 팔려나간다. 값비싼 운동기구나 헬스클럽 연간 회원권은 오히려 스트레스와 죄책감을 가중시키는 원인이다.

충동적이고 경쟁적인 행동에 중독된 사람들은 운동도 경쟁하듯이 한다. 하지만 운동은 긴장을 이완하고 스트레스에서 벗어나기 위해 하는 것이다. 값비싼 첨단 운동기구가 아닌 여유로운 산책이 오히려 몸과 마음에 더 이롭다.

산책은 화려한 장비도, 새 옷도, 클럽 회원권도 필요 없다. 누구나 마음만 먹으면 바로 시작할 수 있는 최고의 운동이다. 국립보건원과 미 해군 운동기관의 연구에 따르면 매일 빠르게 30분씩 걸으면 건강을 유지하는 데 필요한 유산소 운동이 된다고 한다. 제대로 된 산책은 심장과 폐, 호흡기관에 좋을 뿐 아니라 머리를 맑게 하고 마음을 가라앉혀준다. 산책은 매일 자연을 접할 수 있는 최상의 기회로 새소리를 듣고, 계절의 변화를 느끼고, 이웃들과 인사도 하고, 개를 산책시키기도 좋으며, 혼자만의 고요한 시간을 보낼 수 있는 더할 나위 없이 좋은 시간이다.

한 달만 시도해보라. 하루에 30분만 일찍 일어나서 날씨가 좋든 나쁘든 매일 산책을 나가라. 혼자 걷기 싫다면 배우자나 친구와 함께 걸어라. 산책길에 아이들을 데려가도 좋다. 규칙적인 운동의 중요성을 가르칠 수 있는 좋은 기회가 될 것이다. 한 달간 지속하는 데 성공했다면 내친김에 6개월로 늘려라. 규칙적으로 6개월을 하고 나면 평생 산책할 수 있는 습관이 몸에 밴다.

체중 감량이 목적이라면 간단한 근력 운동을 추가하라. 빌 필립스 Bill Phlips와 마이클 도르소Michael D'Orso가 쓴 『보디 포 라이프*Body for*

Life』의 프로그램이 도움이 될 것이다. 여성을 위한 쉽고 효과적인 근력 운동은 미리암 넬슨Miriam Nelson의 『강한 여성은 날씬하다*Strong Women Stay Slim*』에 잘 나와 있다.

스포츠 장비에 공들이지 마라

대부분의 사람들이 이 장난감을 가지고 있지 않기에 이 제안은 소수에게 해당될 것이다.

미국인의 1500만 명이 보트를 소유하고 있는데, 이 중 실제로 보트를 타는 사람이 몇이나 되는지는 주말에 보트 동호회에 나가봤다면 잘 알 것이다.

보트를 가지고 있는 많은 사람들이 보트를 부두에 묶어두고 보관하는 데 돈을 쏟아 붓고 있다. 부두에 묶이지 않은 보트들은 집 창고나 뒤뜰에서 공간만 차지한다.

이는 비단 보트만의 이야기가 아니다. 스키, 스킨스쿠버, 등산, 낚시, 골프 등 다른 스포츠나 취미활동을 할 때도 우리는 몇 번 사용하지 않는 장비에 공을 들인다.

"가장 많이 가진 자가 승자다"라는 스티커를 차 범퍼에 달아도 어색하지 않을 정도에 도달했다면, 아마도 이제는 짐을 내려야 할 순간이 아닐까?

차가 필요하다면 중고차를 사라

새 차는 구입하는 그 순간부터 가격의 30% 정도 현물 가치가 떨어진다. 그럼에도 불구하고 굳이 새 차를 고집할 필요가 있을까?

신형 차를 구입하는 사람들 중 상당수가 2~3년 만에 한 번씩 차를 바꾼다. 대부분이 보상판매를 이용하기 때문에 연식이 짧은 훌륭한 중고차가 끊임없이 생긴다. 그중에는 점잖게 운전하며 자동차를 잘 정비해온 사람들도 많다. 따라서 중대한 결함만 없다고 판단되면 괜찮은 중고차를 손에 넣을 수 있다. 일반적으로 결정적인 결함은 1만 6000㎞에서 2만 4000㎞를 달리면 나타난다.

자동차를 구입한 지 2년 정도가 지나면 차 가격이 또다시 30% 떨어진다는 사실을 명심하라. 따라서 중고차 매매상을 거치지 않고 차 소유주에게 직접 차를 산다면, 원래 차 가격보다 60% 이상 저렴하게 구매할 수 있다.

중고차를 사면 돈을 절약할 수 있고 할부금의 부담을 느끼지 않아도 된다. 그리고 꼼꼼하게 살펴보고 잘 고르면 이미 자동차에서 나올 수 있는 모든 결함을 고친 후라 당분간은 고장 없이 탈 수 있다.

실용적인 차로 바꿔라

자동차를 단순화하는 문제에 관해서 남편과 나는 사뭇 가치관이 달랐다.

몇 년 전, 전형적인 성공지향주의자들처럼 나도 높은 마력의 외제 승용차를 구입했다. 안전성도 한몫했지만 나는 운전을 정말로 좋아했기에 그 정도까지는 내 삶의 단순화 범위 안에 속한다고 합리화했다. 하지만 고급차는 관리가 여간 까다로운 게 아니었고 유지비용 또한 만만치 않았다. 주차라도 할라치면 행여나 비싼 차에 흠이라도 날까봐 신경이 곤두섰다. 연비도 요즘 나오는 차에 비해 턱없이 낮았다.

반면에 남편은 10년 된 플리머스Plymouth를 타고 다닌다. 지하철과 버스가 발달된 뉴욕에서 자란 그는 교외로 이사를 오기 전까지 자동차를 소유해본 적이 없었다. 교외로 이사를 하자 낡은 중고차를 구입해 집에서 기차역까지만 이용한 뒤 기차를 타고 회사로 출근했다. 나와는 달리 차에 대한 욕심이 전혀 없었다. 그에게 자동차란 그저 한 곳에서 다른 곳으로 이동하는 데 필요한 운송 수단일 뿐이었다.

그의 자동차 보험이나 세금, 등록세는 내 차의 절반이다. 그는 차를 부담 없이 어디나 끌고 다녔고, 도난이나 파손의 불안감으로 전전긍긍하지도 않았다. 차를 살 때부터 그가 말했듯이, 누가 그런 낡은 차를 가져가겠는가?

그에 비하면 내 차는 카센터에 들어가 있는 경우가 태반이었다. 고장이라도 나면 아무리 작은 부품이라도 남편 차에 비해 세 배 정도는 더 비싸고, 수리 기간도 두 배는 오래 걸린다.

최근에 남편은 시외버스가 편하다는 것을 느끼고는 샌프란시스코의 내 친구처럼 차를 처분할 것을 심각하게 고민 중이다. 교통비가 3분의 2는 절감될 뿐더러 애초에 흥미도 없던 운전에서 해방될 수 있기 때문이다.

사실 가장 간단한 방법은 내 차를 팔고 그가 타던 차를 내가 타면 된다. 그러나 인정하고 싶지는 않지만 나는 아직 그럴 마음의 준비가 되어 있지 않았다. 기술이 발달해 합리적인 가격대의 전기차가 나오면 그때는 차를 바꿀까 한다.

작은 집으로 옮겨라

1950년대에는 침실 두 개, 욕실 한 개의 25평형대가 미국의 평균적인 집 크기였다. 지금은 침실 세 개, 욕실 세 개인 56평 정도로 가구당 평균 면적이 늘어났다. 주방, 식당, 서재, 운동실, '으리으리한' 거실, TV 시청실, 자동차 두세 대를 주차할 수 있는 차고, 로마 교황청의 예배당 현관도 울고 갈 만한 현관을 갖추고 있는 집도 제법 있다. 가족 수가 늘어나서 일까? 아니다. 오히려 1950년대에는 평균 가족 수가 네 명이었던 데 반해 지금은 2.5명으로 줄어들었다.

이 거대한 집을 유지하는 데 매달 드는 경제적인 비용은 1950년대보다 두 배, 많게는 세 배까지 늘었다. 오늘날 많은 사람들이 월급의 반을 집의 융자를 갚는 데 쓰고 있다. 넓은 집에 살기 위해서 직장이나 자신의 활동 구역에서 멀리 떨어진 곳으로 이사하기를 마다하지 않는다. 이 말은 그만큼 출퇴근에 드는 기름 값이며 차량 유지비가 추가된다는 뜻이다.

하지만 많은 사람들이 큰 집을 갖기 위해서 포기한 시간과 에너지와 돈이 그럴 만한 가치가 없다는 사실을 서서히 깨닫기 시작했다.

남편과 나는 스모그와 혼잡함으로 둘러싸인 데다 출퇴근 시간이 네 시간이나 걸리는 곳을 떠나 좀더 직장과 가까우면서도 전원적인 환경으로 이사했다. 결혼하고 처음 우리가 들어간 집은 84평이었다. 크면 클수록 좋다는 1980년대의 사고방식을 떨치지 못하고 부주의하게 큰 집을 산 것이다. 게다가 우리는 온갖 잡동사니를 쌓아놓고 살 공간이 필요했다.

하지만 쓸모없는 잡동사니를 말끔히 정리하자 집이 그렇게 크지 않아도 된다는 사실을 깨달았다. 작은 아파트로 집을 옮겼을 때 우리의 목표는 편리함과 안락함은 그대로 유지하되 작은 집에 알맞게 짐을 줄여 관리하자는 것이었다.

우리는 더 이상 큰 집과 넓은 마당, 우리의 라이프스타일과 맞지 않는 그런 집을 관리하면서 느껴야 했던 모든 부담감에게 벗어나 심리적, 정서적 해방감을 느끼게 되었다.

이사를 정리의 기회로 이용하라

우리는 15년 동안 여덟 번이나 이사를 다녔다. 수많은 이사 끝에 배운 몇 가지 교훈을 여러분과 나누고자 한다. 물론 포장이사를 선호하는 요즘 사람들에게는 불필요한 정보일 수도 있겠지만, 단순한 삶을 원한다면 다음처럼 직접 이삿짐을 꾸려보라. 많은 부분이 마법처럼 정리될 것이다.

첫째, 이사를 하기 전에 잡동사니는 모두 처분하라.

둘째, 대부분의 사람들은 이사하기 훨씬 전부터 짐을 꾸린다. 그 결과 이사하기 몇 주 전부터 집안은 초토화된다. 짐은 일주일 전부터 싸도 충분하다. 이사 업체를 이용하기로 했다면 미리 견적을 받는 것도 좋다. 미리 정리해놓은 상자들은 한 방에 차곡차곡 쌓아서 보관하라.

셋째, 이삿짐을 쌀 때는 화병이나 예술품 같은 귀중품부터 시작하라. 그런 뒤 책과 직물류, 옷, 개인용품 순으로 싸라. 주방은 가장 마지막으로, 가능하다면 이사하는 날 아침 이삿짐을 트럭에 옮겨 실을 때 싸는 게 가장 좋다.

넷째, 이사할 집이 깨끗한지, 바로 들어가 살 수 있는지 확실하게 점검하라.

다섯째, 컬러 스티커를 이용하라. 주방용품은 빨간색, 거실용은 파란색, 안방은 노란색 등으로 이삿짐 박스에 붙여두면 운반하는 사람들이 짐을 알맞은 장소에 옮기기 편하다.

여섯째, 이사할 곳이 좀 먼 지역이라면 당일 저녁과 다음날 아침에 간단히 먹을 수 있는 음식, 그리고 다음날 입을 옷과 세면용품 등을 차에 따로 실어놓자. 이사하자마자 필요한 것들이다.

일곱째, 옷장에 걸린 옷들은 옷걸이 채로 큰 상자에 넣어 옮겨라. 그런 다음 이사한 집의 옷장에 그대로 걸면 된다. 옷장을 이미 단순화했다면 할 일이 그리 많지 않을 것이다.

여덟째, 책을 포장할 때는 위에서부터 시작해 왼쪽에서 오른쪽 순으로 차례대로 이동하면서 내려와라. 상자의 오른쪽부터 책장에서 꺼낸 순서대로 차곡차곡 넣어라. 책장마다 번호를 매겨 상자에 그 숫자를 기입하라. 이때 무리하게 상자를 다 채울 필요는 없다. 상자가 몇 개 더 늘어나는 편이 훨씬 더 간편하다. 운반하는 사람에게 책 상자를 번호순으로 놓아달라고 부탁하면 정리할 때 1번부터 시작해서 순서대로 책을 꽂으면 책 정리는 간난하게 끝난다.

아홉째, 애완동물과 어린아이들은 잠시 맡겨라. 도와줄 수 있을 만큼 큰 아이는 자기 짐을 스스로 풀도록 지도하라.

열 번째, 대략적으로 이사할 집의 구조를 생각하고 가구를 어디에

배치할지 미리 그린 다음 여러 장을 복사해 각 방의 문에 한 장씩 붙여 놓아라. 이렇게 하면 이삿짐 직원들이 가구를 옮기고 책을 운반할 때 일일이 당신에게 묻지 않아도 되기 때문에 시간이 절약된다. 당신은 그 시간에 주방을 정리하고 저녁을 준비하거나 최소한 다음날 아침을 준비할 수 있다.

식탁에 자연을 올려라

나는 한 끼 식사로 식빵에 땅콩버터와 잼을 발라 사선으로 자른 샌드위치 한 조각이면 충분하다고 생각한다. 빵이 불편한 사람이라면 따끈한 브로콜리 스프나 쌀로 만든 채소죽도 괜찮다.

식사는 간단히 하는 게 좋다는 나의 의견에 미식가들은 콧방귀를 뀔지도 모른다. 그러나 우리 가족은 단순화를 시작하면서 요리하는 시간을 최소한 반으로 줄이기로 했다. 지금은 냉장고에서 음식을 꺼내 식탁에 차리기까지 10분도 채 걸리지 않는다. 굳이 많은 시간과 노동을 낭비하지 않고도 가족이 좋아하는 음식을 뚝딱 만들어 먹을 수 있다.

식사를 준비하는 시간을 반으로 줄이는 것과 동시에 나는 식습관의 단순화에 대한 두 가지 철칙을 세웠다.

첫째, 가족의 건깅과 영양을 고려할 것. 가족들과 함께 집에서 먹는 식탁만큼은 신선한 과일과 채소, 곡물 위주로 차렸다.

둘째, 칼로리와 지방, 콜레스테롤이 낮은 음식을 선택할 것. 신선한 과일과 채소를 가능한 자연 상태 그대로 조리하지 않고 먹는 것이다.

과일에 설탕을 뿌리거나 첨가물을 넣지 않고, 요리에도 화학조미료나 조미된 소스를 사용하지 않았다. 최대한 채식 위주로 식탁을 꾸미고 붉은색의 육류는 올리지 않았다. 또한 다이어트를 위해서 가공식품은 아예 없앴다.

이제 우리의 식탁은 다음과 같이 바뀌었다.

아침: 신선한 오렌지 주스나 제철 과일, 말린 견과류 등이 들어간 집에서 만든 시리얼과 전곡류로 만든 머핀

점심: 신선한 과일과 얇게 썬 야채에 훈제 칠면조나 아보카도, 토마토, 새싹 등으로 속을 채운 통밀빵 샌드위치

저녁: 여름에는 푸짐하고 신선한 샐러드와 토마토, 양파, 오이 등을 빵가루와 함께 섞어 걸쭉하게 만든 차가운 수프, 겨울에는 따뜻한 수프와 샐러드, 더운 채소를 곁들인 밥

특별할 건 없다. 그저 기본적인 다이어트 식단으로 아주 오랫동안 건강 전문가들이 추천해온 것이다. 물론 동양인들의 식단과는 차이가 있을 수 있다. 그렇더라도 기본적으로 지켜야 하는 것은 다르지 않다. 가공식품을 먹지 않고, 육류 섭취를 줄이고, 화학조미료를 사용하지 않으며, 메뉴를 단순화하고, 가능한 재료의 맛이 그대로 살아 있도록 조리를 덜하고, 과일과 채소 위주의 식탁을 차릴 것.

우리가 정말로 놀란 것은 이런 식으로 식단을 단순화하자 음식을 준

비하는 시간만 반으로 줄어든 게 아니라, 매달 식비도 반 이상 줄어들었다는 것이다. 컴퓨터로 뽑은 쇼핑 리스트를 들고 마트에 갈 때마다, 우리가 사지 않고 지나치는 물건들이 얼마나 많은지를 보면서 새삼 놀라곤 한다. 이제 가공식품은 거의 먹지 않기 때문에 매주 버리는 쓰레기의 양도 크게 줄어들었다.

육류 대신 곡물을 섭취하라

몇 년 전 남편과 나는 정기적으로 하는 혈액 검사에서 둘 다 콜레스테롤 수치가 높게 나왔다. 몇 가지 검사를 한 뒤 우리는 육류 섭취를 대폭 줄이기로 결심했다. 그리고는 식탁을 육류 대신 곡물류로 완전히 바꿨다.

주말이면 아침으로 먹던 계란과 베이컨을 블루베리, 귀리, 팬케이크와 메이플 시럽으로 대체했다. 또한 남편은 오트밀 머핀 요리법을 연구하더니 자신만의 맛있는 저지방 머핀을 개발해냈다. 덕분에 우리 가족은 빵 대신에 오트밀 머핀을 먹을 수 있게 되었다. 몇 달이 채 되지 않아 우리 부부의 콜레스테롤 수치는 정상으로 떨어졌을 뿐만 아니라 보조 효과로 체중도 줄었다.

이제 우리는 주말마다 머핀을 두 판 굽는다. 한판에 열두 개 정도 나온다. 모든 재료를 준비하고 반죽하는 데 10분, 그리고 굽는 데 15분이면 따끈한 머핀이 완성된다. 아, 물론 모든 음식은 10분 안에 준비한다는 나의 원칙에서 벗어나긴 하지만 보름 동안 먹을 식량이니까 정당화된다.

이 머핀에 과일이나 시리얼을 곁들이면 훌륭한 아침 식사가 되고, 샐러드나 수프를 함께 하면 점심 식사로 손색이 없으며, 칼로리가 낮고 섬유질이 많아 간식으로도 좋고, 한밤중에 입이 궁금할 때 부담 없이 먹어도 좋다. 맛도 훌륭한데다 건강에까지 좋다니, 믿어지는가? 오트밀을 먹는 한 콜레스테롤 걱정은 하지 않아도 되고 건강한 활력까지 얻을 수 있다. 오트밀이 우리 몸에 얼마나 좋은지는 신문과 방송에서 익히 들어 잘 알 것이다. 당분간 우리 식구는 이 먹기 간편한 건강식품을 마음껏 즐길 것이다.

〈남편표 오트밀 머핀 만드는 법〉

· 재료

오트밀 2와 1/4컵

베이킹파우더 1티스푼

설탕이나 메이플시럽 1/4컵

아몬드 조각 2티스푼

건포도나 블루베리 한 주먹

코코넛 조각 1/4컵(선택 사항)

저지방 우유 1과 1/4컵

계란 흰자 2개(콜레스테롤 걱정이 없다면 큰 계란 1개)

잘 익은 바나나 2개

· **요리법**

믹싱볼에 물기가 없는 모든 재료를 넣는다. 나머지 다른 재료를 으깨 걸쭉하게 만든 후 믹싱볼에 있던 재료와 섞는다.

머핀 틀에 반죽을 붓는다. 머핀이 부풀어 오를 것을 예상해 틀에 반죽을 가득 채우지 않도록 한다. 재료에 블루베리를 넣을 경우에는 손으로 얹는 게 좋다.

오븐의 온도를 200도로 맞추고 표면이 갈색으로 될 때까지 약 15분 정도 굽는다. 한 판에 열두 개 정도의 머핀이 나온다.

머핀이 식으면 잘 싸서 냉장고에 넣는다. 먹을 때마다 전자레인지에 30초 정도 돌리면 막 구운 머핀 맛이 그대로 살아난다.

일주일에 하루는
'과일의 날'로 정하라

식습관을 단순화하는 또 하나의 방법은 일주일에 하루는 신선한 과일이나 생과일주스만 먹는 것이다.

싱글로 살 때부터 나는 이렇게 해왔다. 나는 그날을 일주일 중 가장 한가한 토요일로 정했다. 토요일은 특별한 일이 없는 한 대부분 집에서 보냈으므로 손쉽게 과일을 갈아 마실 수 있었다. 마치 고급 스파에라도 온 것처럼 생과일주스를 마시며 편하게 휴식을 취하고 여유를 만끽했다.

결혼을 한 뒤 나는 이 날을 월요일로 바꿨다. 남편과 가족이 함께하는 주말은 더 이상 나만의 시간이 아니기도 했고, 주말에는 이것저것 많이 먹기 때문에 일주일간의 균형을 유지하려면 월요일은 과일만 먹는 게 현명하다고 느꼈다. 일주일에 하루를 신선한 과일만 섭취하면 체중 조절에도 큰 도움이 된다.

식습관을 단순화한 지금도 여전히 우리는 규칙적으로 '과일의 날'을 준수한다. 사과와 바나나 한 개씩, 오렌지 두 개, 신선한 딸기와 블루베리 한 움큼, 그리고 복숭아가 있다면 같이 넣어서 갈면 우리 가족이 가장 좋아하는 최고의 건강 주스가 된다. 취향에 따라 좋아하는 과일을 아무거나 넣으면 된다. 원하는 과일을 믹서에 넣고 버튼을 누르기만 하라. 그 자체만으로도 한 끼 식사로 충분한 신선한 프라페가 완성된다. 너무 간단해서 미안함마저 든다.

도시락과 사과를 챙겨라

이 아이디어는 업무상 사람들과 어울려 점심을 과하게 먹거나 아니면 점심으로 뭘 먹을지 고민하다가 겨우 피자 한 조각으로 때우고 마는 당신의 건강을 위한 것이다.

만일 나처럼 먹는 걸 좋아해서 식당에 가면 음식을 지나치게 많이 주문하는 성격이라면 점심에 과식하지 않는 한 가지 방법은 업무상 식사 자리를 피하는 길밖에 없다. 사업에는 도움이 안 될지 모르지만 뱃살과 지갑 사정에는 확실히 도움이 된다. 업무의 성격상 식사를 꼭 해야 한다면 점심이 아닌 아침을 먹어라. 아침은 생과일주스나 멜론 몇 조각, 죽 한 그릇 정도만으로도 충분하기에 과식하지 않을 수 있다. 아니면 점심과 저녁 사이의 오후 시간에 만나 생수나 차 한 잔 마시는 것이다. 다른 대안으로는 음식을 적당히 주문하는 방법이다. 하지만 나는 음식이 앞에 있으면 자제력을 잃고 마는지라, 적당히 주문하는 방법에 대해서는 뭐라 할 말이 없다. 도시락을 싸가지고 다니면 식당에서 먹거나 피자 한 조각으로 때우는 것에 비해 다음과 같은 장점이 있다.

첫째, 음식의 종류를 선택할 수 있다. 신선한 과일이나 야채, 직접 만든 샌드위치를 싸가지고 다니면 사먹는 음식이 거의 그렇듯 열량은 높지만 체내에 이용할 영양가는 전혀 없는 엠프티 칼로리Empty-Calorie에 대한 걱정 따위 하지 않아도 된다.

둘째, 양을 조절할 수 있다. 종업원이 계속해서 가져다주는 엄청난 양에 다들 놀란 적이 있을 것이다. 또한 남은 음식을 싸가지도 못하는 상황에서 음식을 남기는 것 또한 양심에 찔려서 배가 불러도 끝까지 숟가락을 놓지 못한 적이 얼마나 많은가? 아침을 든든히 먹고 배가 부른 상태에서 점심 도시락을 싸보자.

셋째, 도시락을 싸면 식당에서 먹거나 간단한 인스턴트 음식을 먹는 것보다 훨씬 저렴하다. 도시락을 싸면 할 일이 한 가지 더 늘어나지 않느냐고 항의할지도 모른다. 하지만 컴퓨터로 쇼핑 목록을 작성할 때 도시락용 재료를 추가하고 도시락 싸는 습관을 익히기만 하면 실제 과정은 단순하다. 재료를 준비하고 도시락을 직접 싸는 시간이 아무리 길다고 해도 식당에 가서 줄을 서고, 주문을 하고, 음식을 기다리고, 먹고, 누가 점심값을 낼지 눈치를 보고, 팁을 계산하고, 돈을 내고, 영수증을 기다렸다가 다시 사무실로 돌아오는 시간보다야 길겠는가?

도시락을 싸기로 결정했으면 사과도 꼭 챙겨라. 사과는 거의 완전식품으로 각종 비타민과 미네랄은 물론 몸에 필요한 영양소가 고루 들어 있으며, 섬유질은 많으면서 지방은 전혀 없다. 사과에 들어 있는 펙틴은 스트레스성 위통을 완화시키며 식후에 먹으면 양치질이 필요 없을 정도로 개운하다. 월요일 점심에 사과를 한두 알 먹어주면 주말의 과식을 중화하는 데도 효과적이다. 이 모든 것보다도 사과는 포장이 필요하지도 않고, 가지고 다니기도 쉬우며, 오래도록 보관해도 상하지 않는다. 이보다 더 간편한 과일이 어디 있는가?

음료수는 무조건 물을 선택하라

대중들이 가장 많이 마시는 음료를 선호하는 순서대로 나열하면 커피, 소다수, 다이어트 소다수, 우유, 주류, 탄산음료 순이다.

음료수 대신으로 물을 선택해야 하는 이유는 여러 가지가 있지만, 그중에서도 물을 대신할 만큼 우리 몸에 좋은 음료가 세상에 없다는 게 가장 큰 이유다.

시중에 판매되는 많은 음료들이 건강에 그리 좋은 영향을 미치지 않는다는 것은 익히 알려진 사실이다. 소다수와 무가당 음료는 칼로리는 전혀 없을지 몰라도 잠재적으로 몸에 해로운 첨가물이 들어 있다. 나는 각종 대체 음료의 칼로리 양에 대해서 알게 된 후부터는 음료수는 마시지 않고 물만 고집한다. 내 개인적인 선택이니 강요할 수는 없지만, 칼로리가 높은 음료수를 마시느니 차라리 참아뒀던 초콜릿 무스 케이크를 먹겠다.

음료수 대신 물을 마시면 일 년에 몸무게를 5~7㎏은 가뿐히 줄일 수 있다. 혹시 당신이 비만에 속한다면 당장 음료수를 끊고 물을 마셔라.

당신이 사는 지역의 수돗물이 안전하고 깨끗하다면 굳이 생수를 사서 마실 필요는 없다. 내가 사는 지역은 물맛이 좋지 않기 때문에 우리는 생수를 사서 마신다. 다른 어떤 음료수보다 물은 가격이 저렴하고 어디에나 팔기 때문에 손쉽게 살 수 있다. 생수에 얼음과 레몬 한 조각을 넣으면 페리에와 같은 탄산수나 레몬 음료 부럽지 않다.

만일 달콤한 향과 자극적인 맛의 음료에 길들어 있다면 처음에는 물맛이 밍밍하게 느껴질 것이다. 하지만 음료수 대신 물을 마시기 시작하면 오래 지나지 않아 도리어 그동안 어떻게 이런 불량식품 같은 소다수나 탄산과 카페인이 첨가된 음료에 중독되었었는지 의아할 것이다. 또한 음료수를 마시지 않으면 유리병이나 알루미늄 캔의 소비도 눈에 띄게 줄어들어 재활용 쓰레기 걱정도 덜 수 있다.

아이들을 키운다면, 부모로서 아이들에게 해줄 수 있는 최고의 선물은 탄산음료를 멀리하는 습관을 길러주는 것이다. 언젠가는 분명 감사할 날이 올 것이다.

커피를 비롯해 카페인이 함유되었거나 탄산이 들어간 음료에 중독되었다면 심리적, 정신적 금단 현상을 겪을 수도 있다. 커피 마니아가 아니더라도 갑자기 카페인을 끊을 경우 편두통이나 우울증, 메스꺼움과 같은 심각한 증상을 호소하기도 한다. 처음엔 양을 반으로 줄이는 것으로 시작하고, 그 다음주에는 4분의 1로 줄여라. 셋째 주가 되면 억효과 없이 커피를 끊을 수 있을 것이다.

요리는 하나만 시켜서 나눠먹어라

신혼 초 우리 부부는 일주일에 한두 번 정도 별 생각 없이 외식을 했다. 식욕을 돋우는 칵테일과 전채요리를 먼저 주문하고, 샐러드와 와인이 나오기를 기다리는 동안에 갓 구운 빵에 버터를 듬뿍 발라서 먹는다. 주 요리로는 스테이크에 야채, 버터와 사우어 크림을 바른 구운 감자를 각각 주문해 먹는다. 다 먹고 나서는 또 1000㎈가 넘는 디저트를 먹고 입가심으로 술을 한 잔 마신다. 세상에나! 하지만 이제 그런 시절은 끝났다.

날이 갈수록 외식의 규모가 커지고 단가가 높아지자 우리는 더 이상 이대로 가면 안 되겠다는 생각이 들었다. 이것저것 시도해보다가 결국 다음과 같은 우리만의 규칙을 만들었다.

일단 술을 마시지 않기로 했다. 다음날 아침 지끈거리는 두통에서 해방될 수 있으니 술보다는 차라리 디저트를 먹는 편이 낫다. 그리고 레스토랑에 도착하면 빵과 버터가 담긴 바구니를 치워달라고 부탁한다. 메뉴는 서로 의견이 일치하면 메인 요리를 한 개만 시켜 나눠먹고 대신에 전채요리는 각자 주문한다. 메인 요리에는 거의 샐러드가 딸려 나오기 때문에 1인분만 시켜도 양이 충분하다. 당연히 디저트도 한 개만 시켜서 나눠먹는다.

건강과 다이어트에 신경 쓰는 손님을 위해 적당한 양의 음식을 제공하는 레스토랑은 찾아보기 힘들다. 그리고 보통 여성이 남성보다 양이 적은데도 그런 사실을 고려하지 않는다. 아무리 좋아하는 음식이라도 양이 너무 많으면 남길 수밖에 없는데도 각자 1인분씩 꼬박꼬박 주문한다. 지구 반대편에서는 배고픈 아이들이 굶주림에 허덕이고 있는데 말이다.

요즘엔 많은 레스토랑에서 메인 요리를 나눠 먹을 수 있게 하고 있다. 그중에는 추가 요금을 받는 곳도 있지만 1인분씩 시켜서 반도 못 먹고 나머지를 버리느니 추가 요금을 내는 편이 훨씬 가치 있다. 배가 불러도 1인분을 굳이 다 먹겠다면 뱃살이 늘어나는 것 외에 좋은 점은 없다. 만일 양도 많은데 꼭 1인분씩 주문해야 하는 레스토랑이 있다면 매니저에게 정당하게 항의하고 그런 레스토랑은 가능한 이용하지 마라.

식생활을 단순화하더라도 가끔씩은 외식을 하고 싶을 때가 있다. 그럴 때는 1인분만 시켜서 나눠 먹으면 음식을 남기는 죄책감을 느낄 필요도 없고 과식하지 않아도 되기 때문에 마음 편하게 외식을 즐길 수 있다.

식사 대접에 열 내지 마라

남편과 나는 단순화 프로그램을 시작하면서 친구들과 어울려 식사하는 문제로 많은 고민을 했다. 우리는 가까운 지인들을 초대해 함께 저녁을 먹는 것을 좋아했다. 그러나 식습관을 단순화하기로 한 이상 거대한 식사 준비는 우리의 생활에 더 이상 어울리지 않았다. 간단하게 준비한다고 해도 항상 생각보다 많은 시간과 에너지가 소모된다는 것을 깨달았기 때문이다. 다행히 친구들도 집에서 요리하기가 쉽지 않다는 우리의 생각에 동의했다.

이제 우리는 친구들과 함께 식사를 하고 싶으면 레스토랑에서 만나며 음식 값은 각자 부담한다. 덕분에 장을 보고 재료를 다듬고 요리를 하고 설거지를 하지 않아도 되었고, 오히려 그에 들어가는 시간과 에너지를 서로를 챙겨주는 데 쓸 수 있게 되었다. 고급 레스토랑일 필요도 없고, 요리를 나눠먹음으로써 살이 찔 걱정도 없다. 꼭 저녁이 아니어도 좋다. 토요일이나 일요일 아침도 친구들과 한가로운 식사를 즐기기에는 그만이다.

하지만 비싼 비용과 소음, 간접 흡연, 프라이버시 등의 문제로 레스토랑을 꺼리는 사람들도 있을 것이다. 그렇다고 집에서 요리하는 걸 좋아하지도 않는다면 어떻게 해야 할까? 그럴 때는 모든 사람이 음식을 조금씩 준비해 와서 함께 먹는 방법이 있다. 음식은 아무거나 다 좋다. 다만 지켜야 할 규칙이 있다면 가급적 칼로리가 낮은 음식으로 버리지 않을 만큼 적당량을 준비하며, 경쟁적으로 음식 솜씨를 자랑할 생각은 하지 말아야 한다는 것이다.

텃밭을 가꿔라

　주변에 직접 채소를 키워 식료품 쇼핑을 단순화한 부부가 있다. 그들은 한 해 동안 먹을 토마토와 후추, 콩, 아티초크, 오이를 비롯해 여러 종류의 호박과 대규모의 허브 같은 농작물들을 앞마당에서 키운다. 타이머로 작동하는 관개수로도 설치했다. 직접 밭을 갈지도 않는다. 다만 한 철 수확이 끝나면 수명을 다한 식물을 뽑아내고, 그 위에 신선한 톱밥을 뿌린 뒤 새로운 식물을 심기만 하면 된다. 재배용기에 바퀴가 달려 있어서 계절에 따라 식물들이 골고루 많은 양의 햇빛을 받을 수 있도록 옮길 수도 있다. 농약은 거의 치지 않지만, 방충 처리를 해야 할 때면 물과 해충 약을 10대 1의 비율로 혼합한 유기농 방식을 사용한다.

　그들은 둘 다 전문직에 종사하는 맞벌이 부부로 누구 못지않게 바쁜 사람들이다. 몇 년 전 어느 날, 그들은 토마토가 떨어질 때마다 마트로 달려가느니 차라리 직접 길러 먹으면 시간이 훨씬 절약되지 않을까 하고 생각했다. 식탁에 오르는 음식의 재료를 직접 재배한다는 것, 그것도 유기농으로 채소를 먹는다는 것은 생각보다 더 큰 만족감을 안겨주었다. 텃밭에 들이는 노동량과 시간에 비해 돌려받는 기쁨은 어마어마

했다. 그들은 자연과 더불어 산다는 느낌을 사랑하게 되었다. 10대인 아들도 자연스레 함께 텃밭을 가꾸게 되었는데, 채소를 키우는 데 많은 도움이 될 뿐만 아니라 직접 농사일을 해보지 않았으면 알지 못했을 식물과 자연에 대한 경외심도 키울 수 있었다. 무엇보다 좋은 점은 가족 모두 함께 일하면서 끈끈한 유대감을 느끼는 소중한 시간을 가지게 되었다는 것이다.

베란다나 정원에 공간이 있다면 식물을 심어라. 식료품 쇼핑을 단순화할 수 있을 뿐 아니라 삶의 만족도를 한층 더 높일 수 있다.

식물은 밖에서 키워라

햇볕이 더 잘 드는 쪽으로 화분을 옮기려다 마룻바닥 위에 생긴 직경 25㎝의 화분 자국을 발견한 적이 있는가?

아끼는 난초의 화분 받침대에 고여 있던 물이 범람한 줄도 모르고 있다가 나무 테이블이 물에 불어 있는 것을 발견한 적이 있는가?

주방 싱크대 위에 매달아놓은 덩굴식물을 볼 때마다 시간이 나면 이파리에 뽀얗게 쌓인 먼지를 닦아야지 하면서 부담감을 느낀 적은 없는가?

소파 옆의 고무나무를 손질하고 난 후 카펫 위에 떨어진 말라비틀어진 잎과 가지를 청소하는 일에 불현듯 짜증이 난 적은 없는가?

홍콩 야자나무 잎을 뜯어먹고 소파 위에 꼬꾸라져 있는 고양이를 얼마나 자주 목격하는가?

인테리어를 중요시하거나 대단한 식물 애호가라면 별로 달가워하지 않을지 모르겠지만, 그 외의 사람들은 내 물음에 충분히 공감할 것이다. 때때로 화분은 골칫거리다. 인테리어 잡지에 나오는 초록의 멋진 집안 풍경 사진이 얼마나 현실과 괴리가 있는지 깨달을 때가 온 것이다. 잡지를 보면 실내에서 식물을 키우는 일이 아주 쉽게 보인다. 하지만 결코 그렇지 않다. 수년 동안 식물을 키워본 사람으로서 말하자면, 실내에서 식물에 둘러싸여 살려면 엄청난 시간을 할애해야 한다. 나는 원목 책장의 동그란 얼룩과 히비스커스에서 생긴 진딧물로 인한 3차 감염을 겪고 나자 식물과 교감하는 방법이 꼭 이것밖에 없을까 하는 고민에 빠졌다.

자연의 싱그러움을 즐길 수 있는 마당이나 베란다가 없다면 창가 선반도 괜찮다. 그마저도 여건이 허락하지 않는다면, 가까운 공원이나 식물원을 자주 산책하는 것은 어떨까? 최소한 실내에서 키우던 식물이 죽었다고 스웨덴 아이비를 덥석 사오는 일은 없도록! 산과 들에서 신의 보살핌으로 자라나는 식물들을 맘껏 즐기는 것으로 단순한 삶을 살 수 있다.

작은 식물을 길러라

드라마나 영화에는 넓은 잔디 정원이 달린 대저택이 수시로 등장한다. 그런 장면을 볼 때마다 당신은 무슨 생각을 하는가? 와우, 저런 데서 한 번 살아봤으면! 하고 부러워하는 쪽인가?

묘하게도 사람들은 잔디 정원이 딸린 집을 꿈꾼다. 왜일까? 푸른 잔디가 좋아보여서? 아니면 사회적 기대치 때문에? 그전에 정말로 자신이 잔디를 원하고 있는지 돌아볼 필요가 있다.

잔디 정원을 갖는다는 것은 잔디를 깎고, 손질하고, 다듬고, 비료를 주고, 갈퀴질을 해주고, 물을 주는 등 모든 번거로운 일을 동반한다는 의미다. 과연 잔디 정원을 가꾸는 일이 이 모든 것을 감수할 만큼 가치 있는 일인가? 전문가의 손을 빌려 잔디를 가꾼다고 하더라도, 당신의 손길은 여전히 필요하다. 최소한 언제 정원사를 부를지 스케줄을 확인하고 예약도 해야 하지 않는가? 잔디를 없애면 얼마나 간편할지 한번 생각해보라.

잔디가 없으면 화학 비료와 해충제 등의 비천연자원과 잔디 깎는 기계에 드는 가스나 전기 등의 천연자원을 절약할 수 있고 엄청난 시간과 돈, 노력, 에너지, 물을 아낄 수 있다.

잔디 대신 아름답고 가뭄에도 잘 견디며 빨리 자라고, 게다가 관리 비용도 적게 드는 지피 식물을 기르는 것은 어떨까? 수호초, 아욱메풀, 아이비 등 짧은 길이의 사철 식물은 꽤 다양하다. 우리 집과 가장 잘 어울리는 식물이 무엇인지 묘목상과 상담하라.

부디 잔디에 집착하지 말지어다.

잔디 정원은
최대한 작게 만들어라

잔디에 대한 로망을 버릴 수 없다면 관리를 최대한 단순화할 수 있는 방법을 찾아보라.

첫째, 작게 만들어라. 아이들이 강아지와 레슬링을 할 정도의 공간이면 충분하다.

둘째, 대부분의 사람들은 잔디가 필요로 하는 양보다 40% 이상의 물을 준다. 물은 천천히 그리고 땅 속 깊이 스며들게 주어야 한다. 단시간에 자주 주는 것보다 훨씬 효과적이다. 물을 주는 가장 좋은 시간은 이른 아침이다.

셋째, 너무 자주 잔디를 깎지 마라. 시간과 에너지를 절약할 뿐만 아니라 풀 종류는 5~8㎝ 정도까지는 자라야 뿌리가 더 건강해지기 때문이다. 잔디가 길게 자라면 자랄수록 땅에 그늘이 더 많이 생기고 그늘은 토양이 습기를 더 오래 머금을 수 있게 하기 때문에 물을 자주 줄 필요도 없어진다.

넷째, 잔디를 깎은 후 갈퀴질을 하지 마라. 깎은 잔디를 그대로 두면 시간과 에너지도 절약될 뿐 아니라, 적당한 습기를 유지해주고 천연 비료 역할도 한다. 또한 깎은 잔디를 당신의 잔디밭에 재활용함으로써 쓰레기 매립지로 향하는 쓰레기의 양도 줄일 수 있다.

　다섯째, 살충제를 꼭 사용해야 한다면 화학제품보다는 유기비료를 사용하라.

애완동물을 키우려면
관리법부터 배워라

단순화 프로그램을 실천한 지 2년째 되던 해 남편이 집에 시추 강아지 한 마리를 데리고 왔다. 다른 애완동물에 비해 손이 덜 가는 고양이 두 마리를 키우고 있었지만, 우리 둘 다 강아지는 처음이었다. 앞으로 어떻게 해야 할지 감이 잡히지 않았다.

시추를 데려온 그 주 마지막 날 저녁, 우리는 멍하니 앉아서 강아지가 눈에 보이는 것은 뭐든 다 물어뜯고 있는 광경을 지켜보고 있었다. 카펫은 엉망이 되었고, 고양이들은 겁에 질려 몸을 웅크렸다. 그야말로 평화로운 집에 대혼란이 일어나고 있었다.

"여보, 우리의 단순화가 너무 지나쳤던 걸까?"

남편은 내 얼굴을 쳐다보며 말했다. 남편의 말대로 우리의 삶이 너무 단순해져서 이 작은 털 뭉치가 일거리를 만들어주길 바라기라도 한 걸까? 글쎄, 그럴지도 모른다. 마침내 우리는 삶을 단순화했고 그로 인한 기쁨을 만끽하게 되었다. 그래서 한 번도 경험해보지 못했지만 강아지를 키우는 혼란 정도는 견딜 수 있게 되었는지도 모른다. 애완동물이 삶을 단순하게 만들어주지는 않지만, 다음과 같은 방법으로 관리하면보다 쉽게 키울 수 있다.

첫째, 애완동물의 털을 자주 빗겨주지 못한다면 털이 짧은 동물을 골라라. 털이 짧은 강아지나 고양이는 하루에 빗질 몇 번만으로도 털이 날리는 것을 훨씬 줄일 수 있고, 털 뭉치가 나뒹굴지도 않을 것이다.

둘째, 여건이 된다면 집안에서만 키워라. 몸집이 작은 동물이 실내에서 키우기에 더 적합하다. 집 안에서 기르면 다른 동물과 싸울 일도 없고, 병원에 데려가는 시간이나 비용도 줄어든다. 또 차에 치일 가능성도 확실히 줄어들며 벼룩 걱정도 할 필요가 없다.

셋째, 애완동물에게 벼룩이 생겼다면, 벼룩을 처리하는 가장 좋은 방법은 전문 서비스센터에 연락하는 것이다. 그들이 사용하는 약품은 환경적으로도 안전하고 간단하다. 검증된 무독성의 약품으로 일 년까지 집이나 동물의 벼룩을 책임져준다. 대부분의 애완동물 숍에서도 이런 약품을 살 수 있으므로 돈을 절약하고 싶다면 스스로 처리해도 된다.

넷째, 강아지를 훈련시켜라. 새끼든 성장한 강아지든 관계없이 모든 강아지들은 훈련이 가능하다. 이리와, 앉아, 멈춰, 따라와, 조용히 해, 안 돼와 같은 명령어는 기본이다. 많은 수의사들의 의견과는 달리, 강아지들은 3개월만 지나면 바로 기본적인 훈련이 가능하다. 집에서의 규칙은 집으로 데려온 그 즉시 가르쳐야 한다. 도움이 필요하다면 동물보호협회에 연락해 훈련 방법과 과정을 알아보라.

훈련이 잘된 개들은 인생에 진정한 즐거움을 준다. 시추 덕분에 우리는 매일 산책을 하게 되었다. 아침 산책을 시키면서 하루를 시작하고, 저녁 산책을 시키면서 하루를 마무리한다. 그 덕분에 우리는 자연과 가깝게 접촉하게 되었다. 달이 차고 별이 바뀌는 신비로운 세상을 보는 즐거움도 생겼다. 새벽 시간의 고즈넉함과 상쾌함, 저물어가는 밤이 주는 추억의 향기는 매일 누리는 삶의 특별한 활력소다.

KI신서 3992

인생을 단순하게 사는 100가지 방법

1판 1쇄 발행 2012년 6월 11일
1판 8쇄 발행 2016년 2월 25일

지은이 일레인 제임스 **옮긴이** 김성순
펴낸이 김영곤 **펴낸곳** (주)북이십일 21세기북스
책임편집 윤홍 **디자인 표지** 송경진 윤정아 **본문** 씨디자인
출판영업마케팅 안형태 이경희 정병철 김홍선 이은혜 백세희
출판등록 2000년 5월 6일 제10-1965호
주소 (우 10881) 경기도 파주시 회동길 201(문발동)
대표전화 031-955-2100 **팩스** 031-955-2151
이메일 book21@book21.co.kr **홈페이지** www.book21.com
21세기북스 트위터 @21cbook **블로그** b.book21.com **페이스북** facebook.com/21cbooks

ISBN 978-89-509-3748-5 13320

책값은 뒤표지에 있습니다.